AF506031

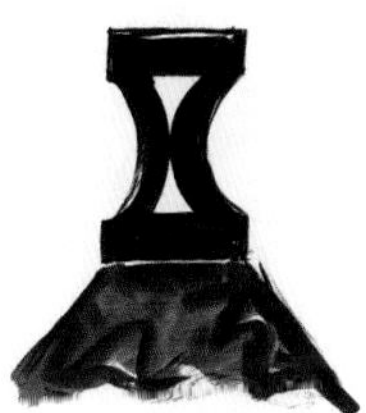

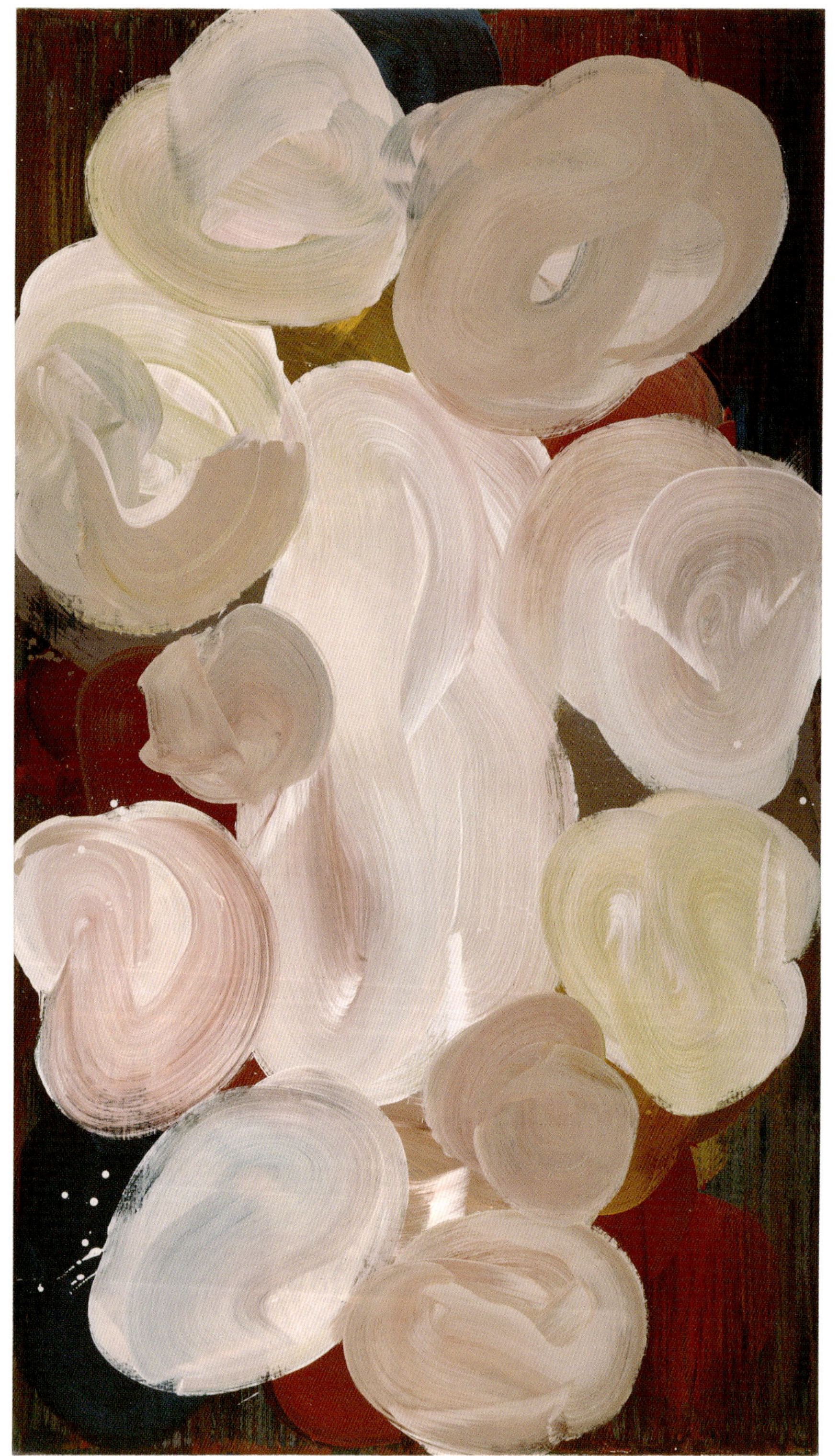

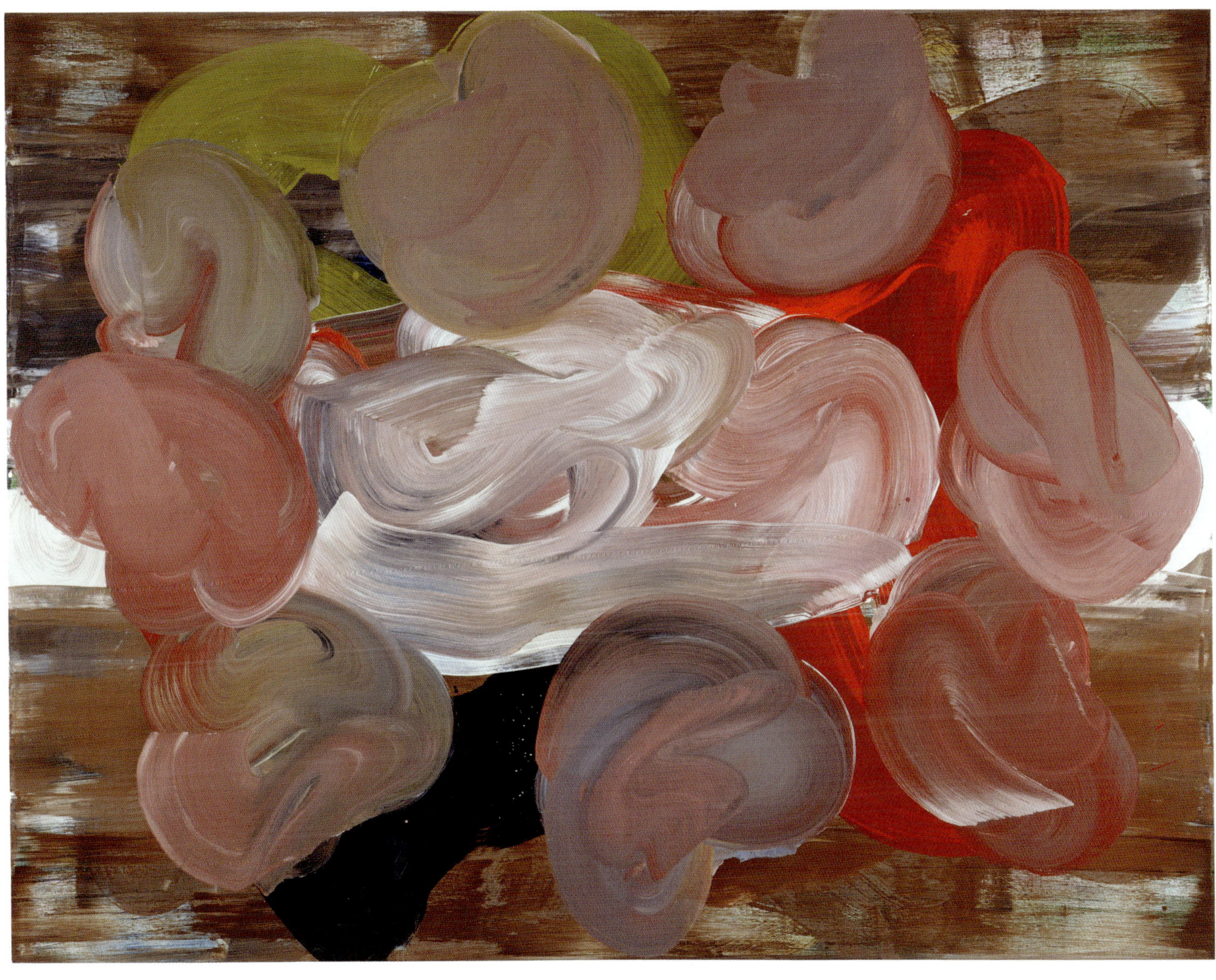

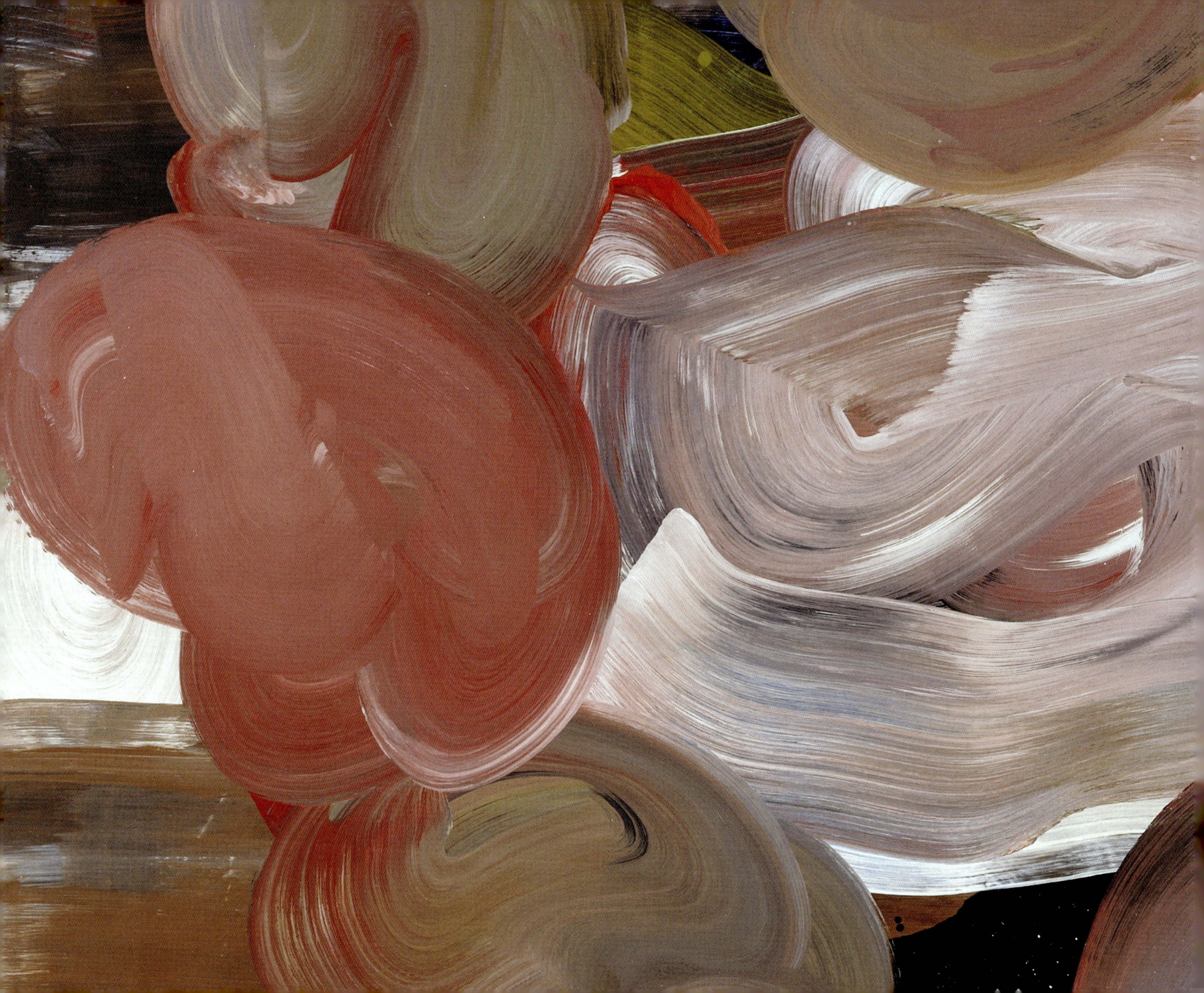

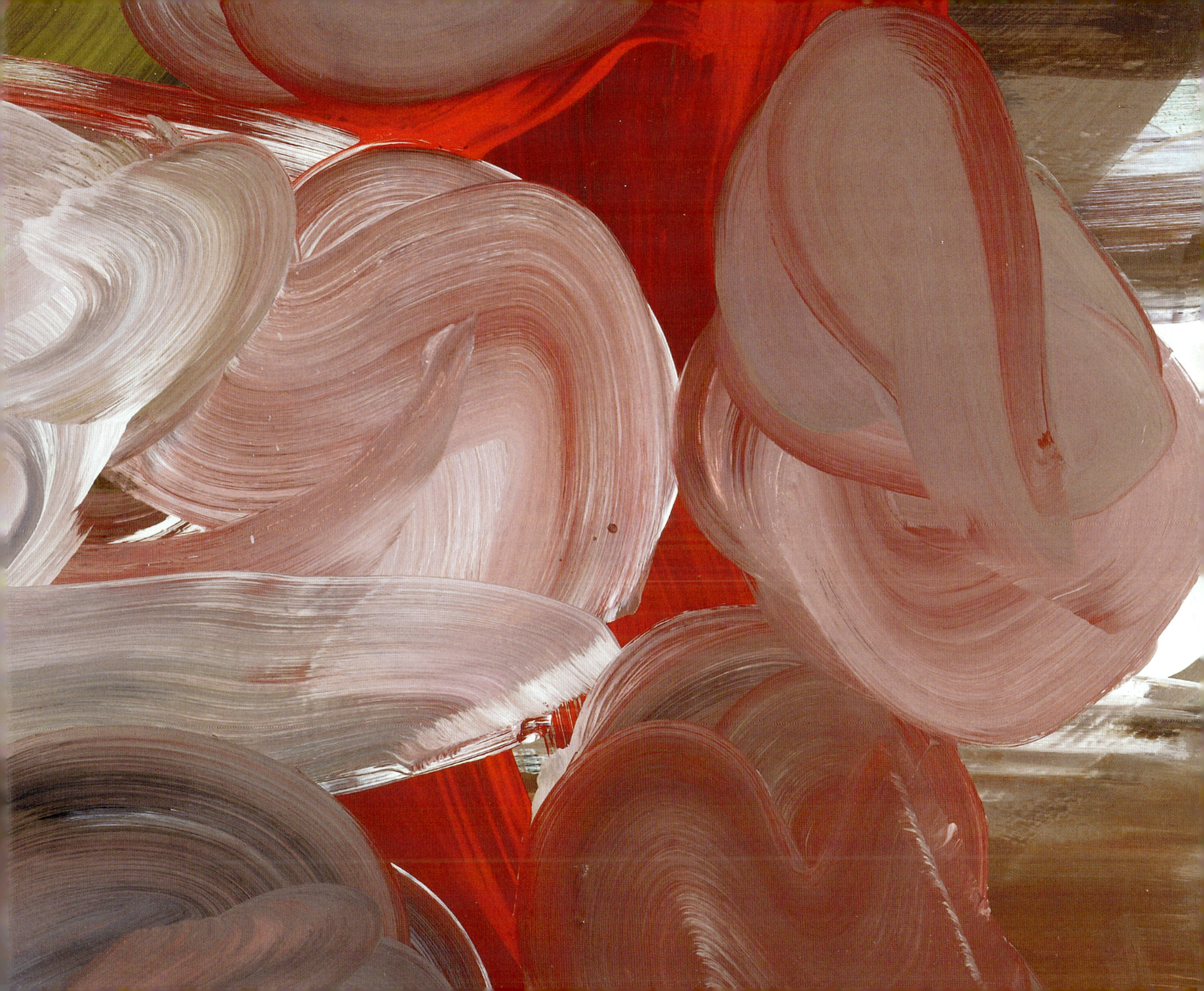

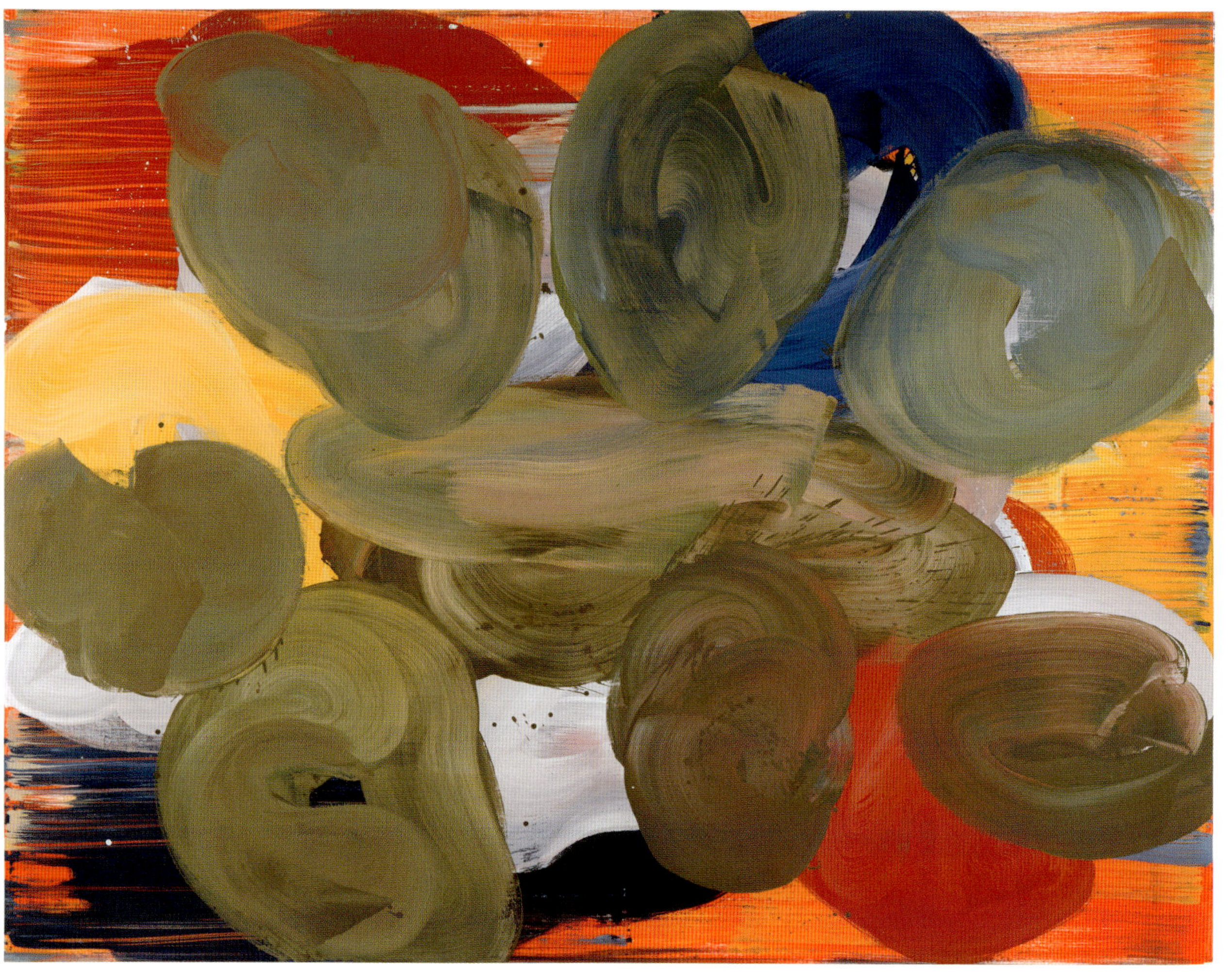

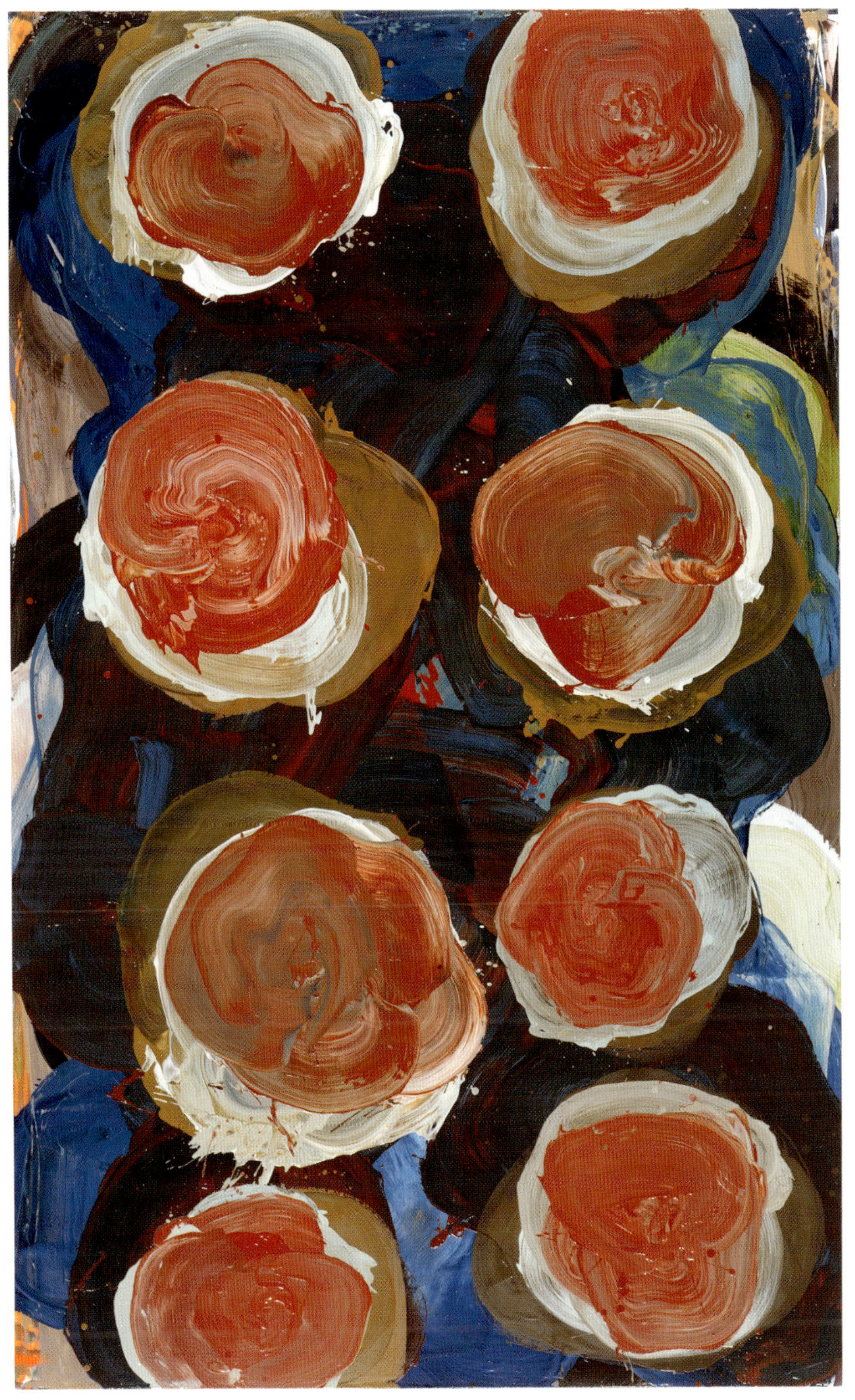

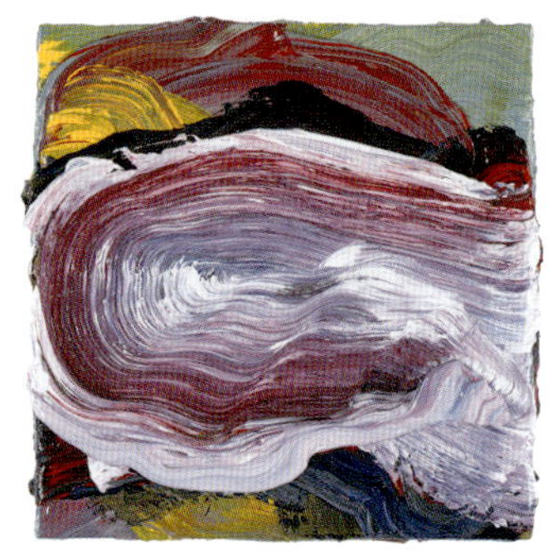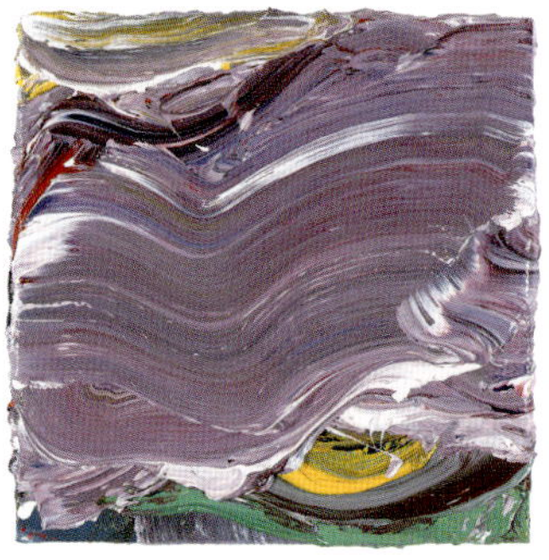

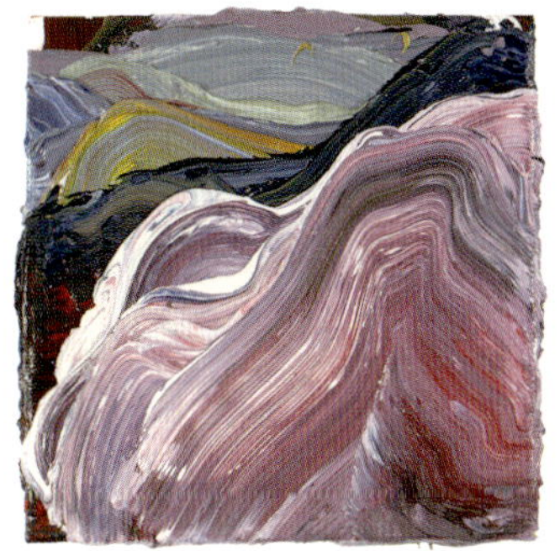

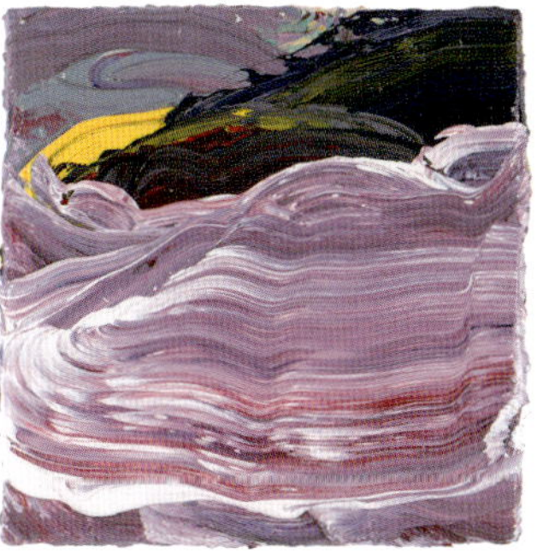

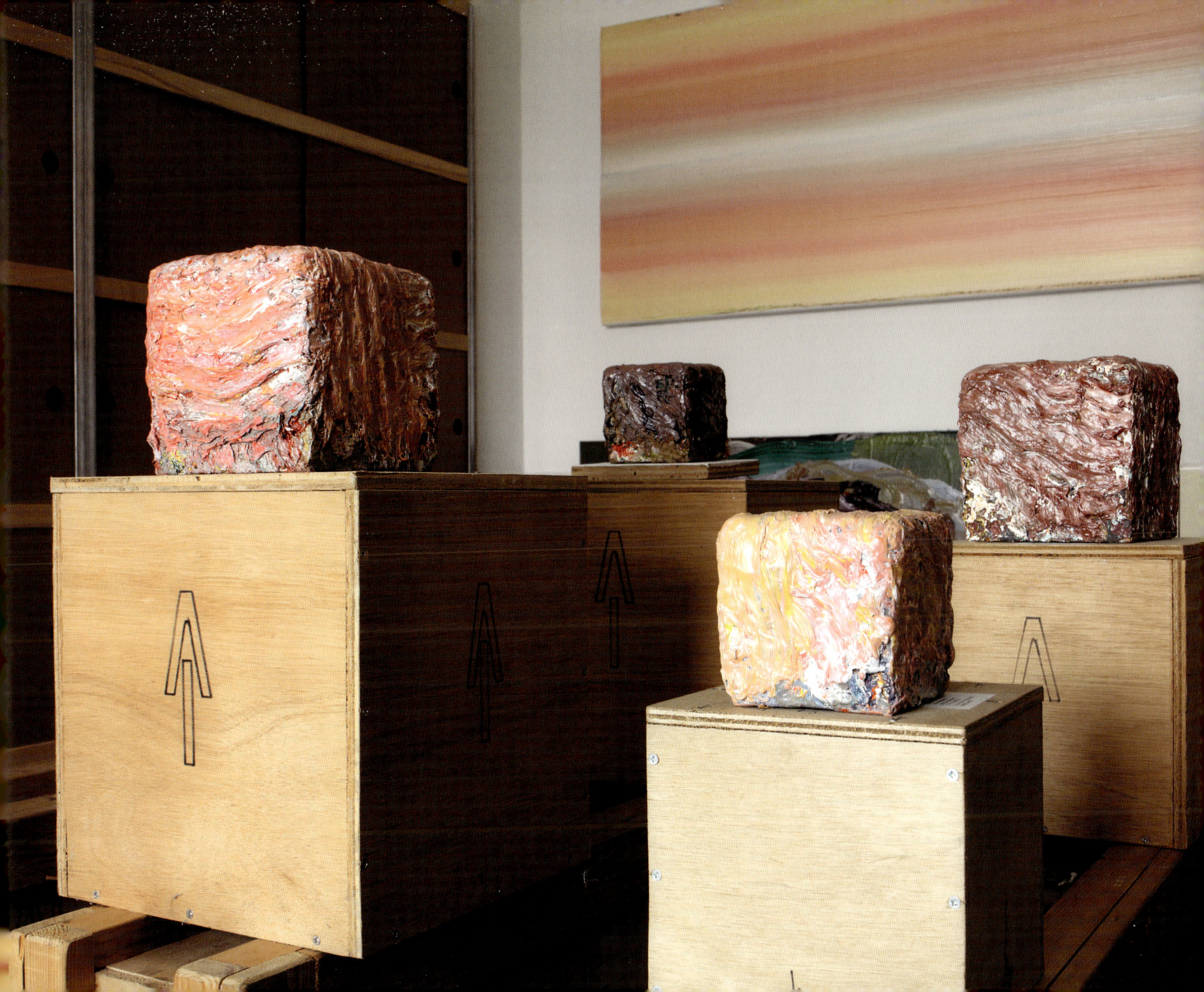

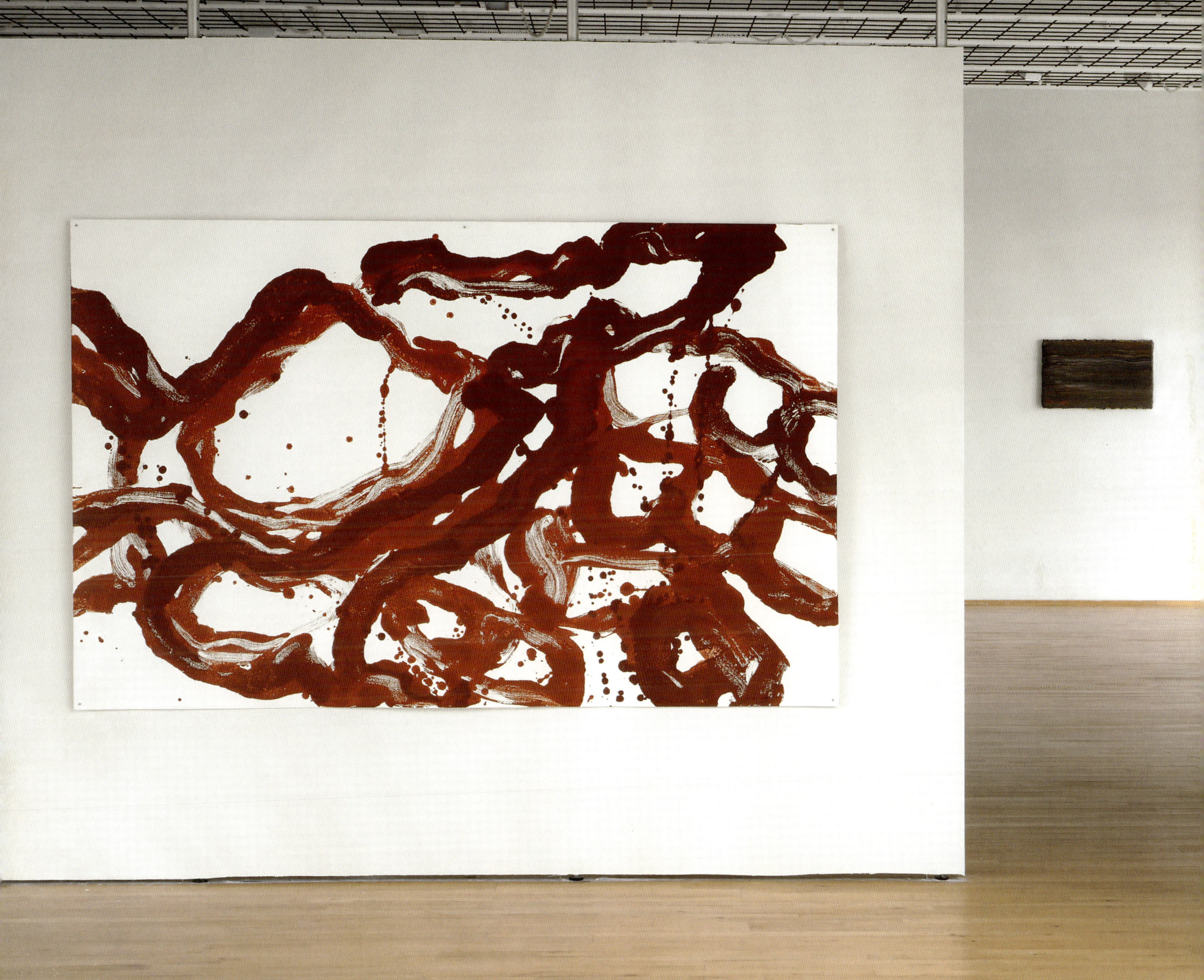

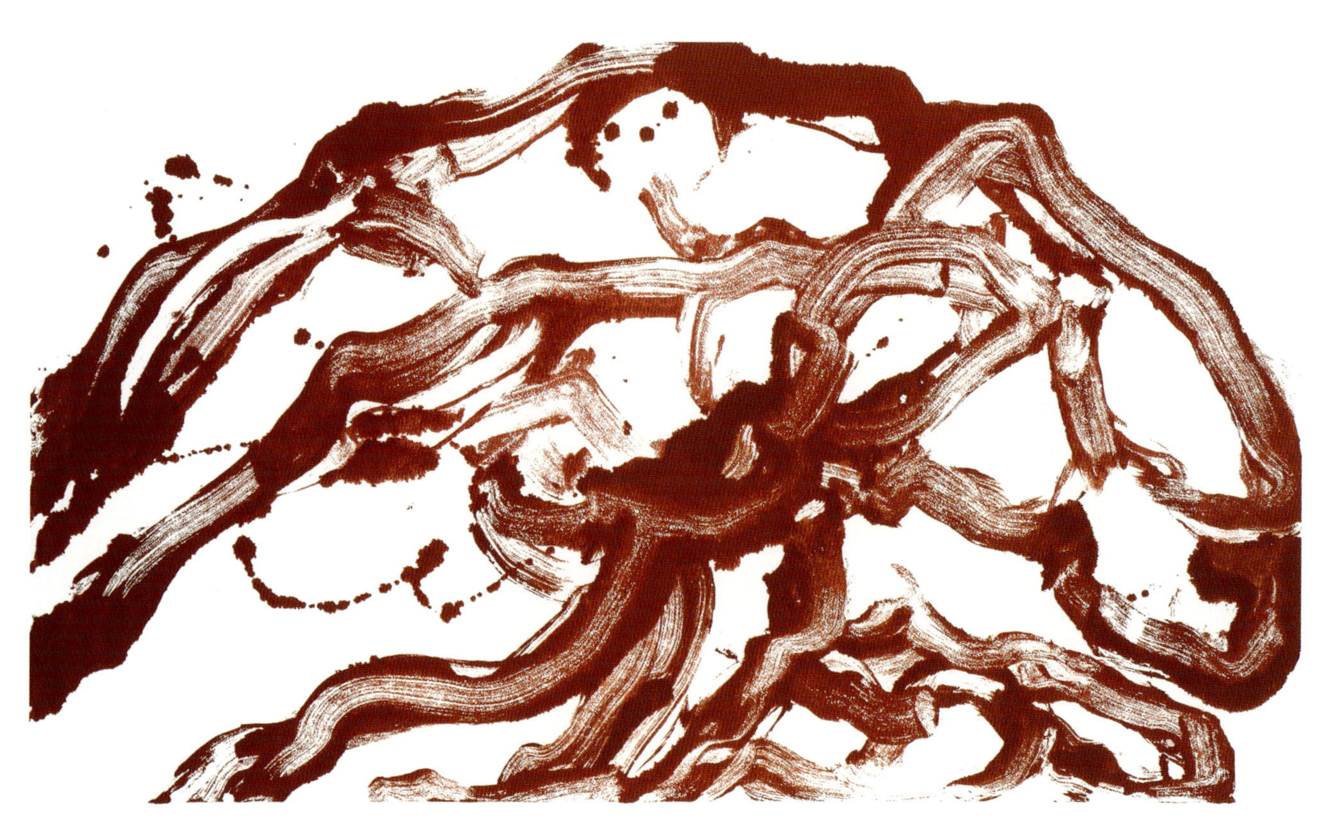

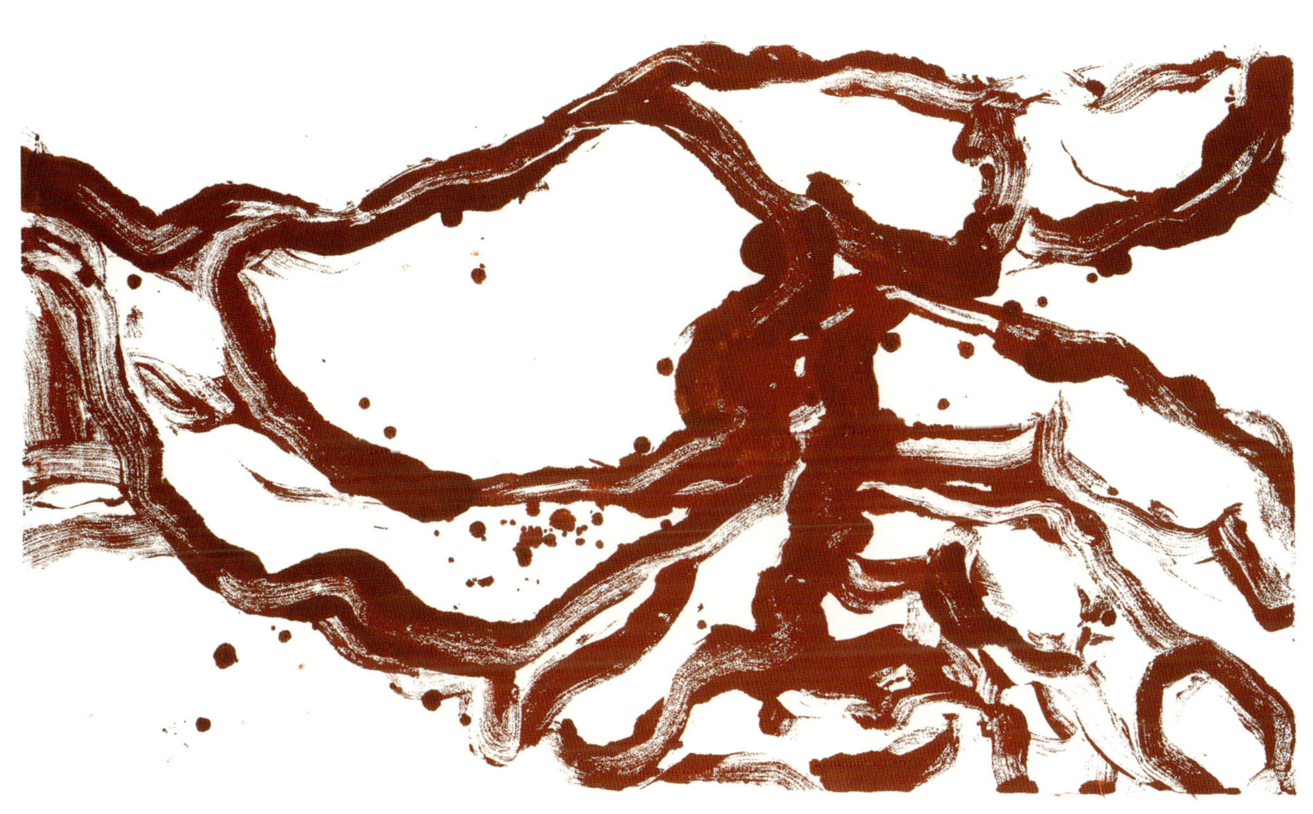

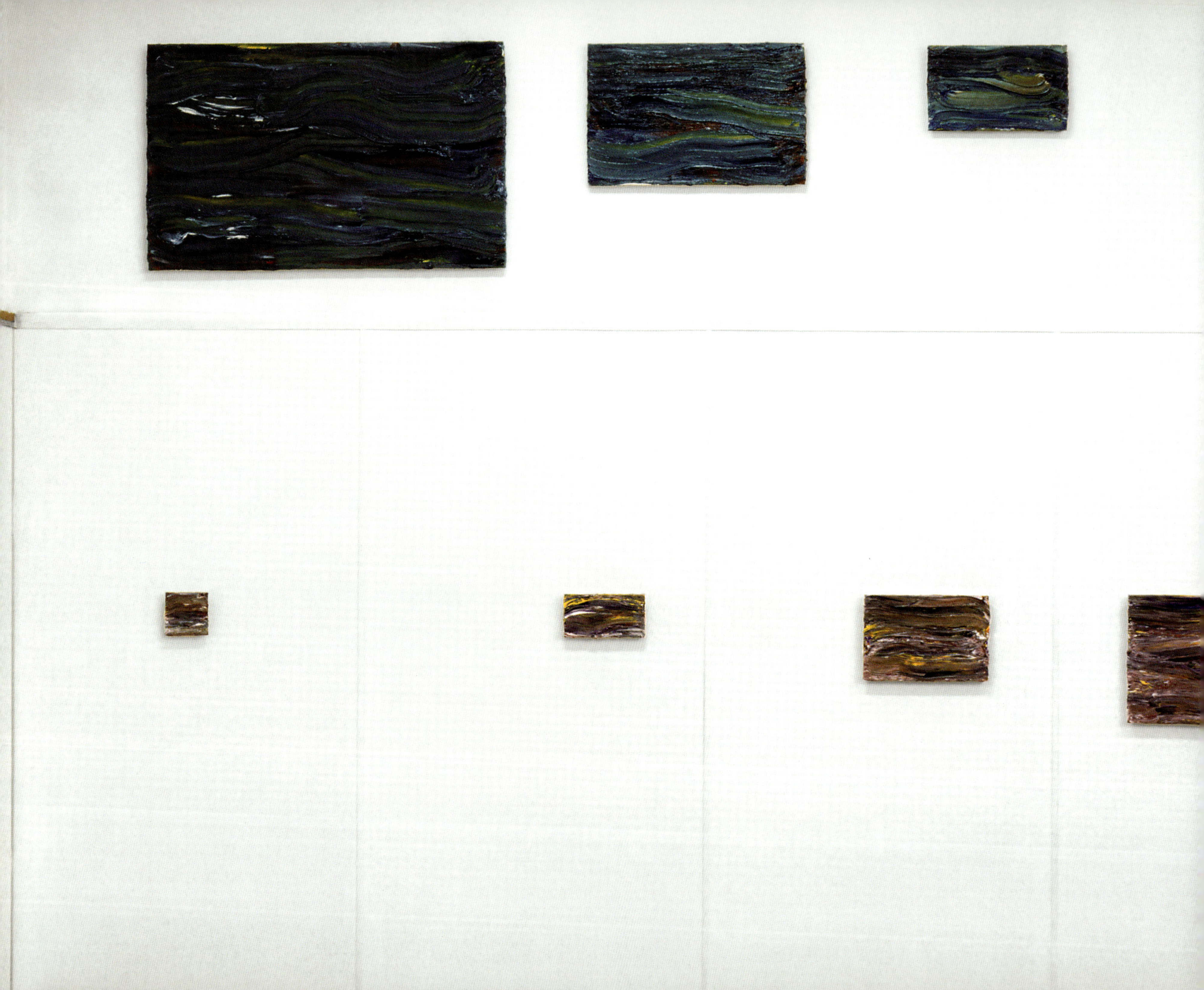

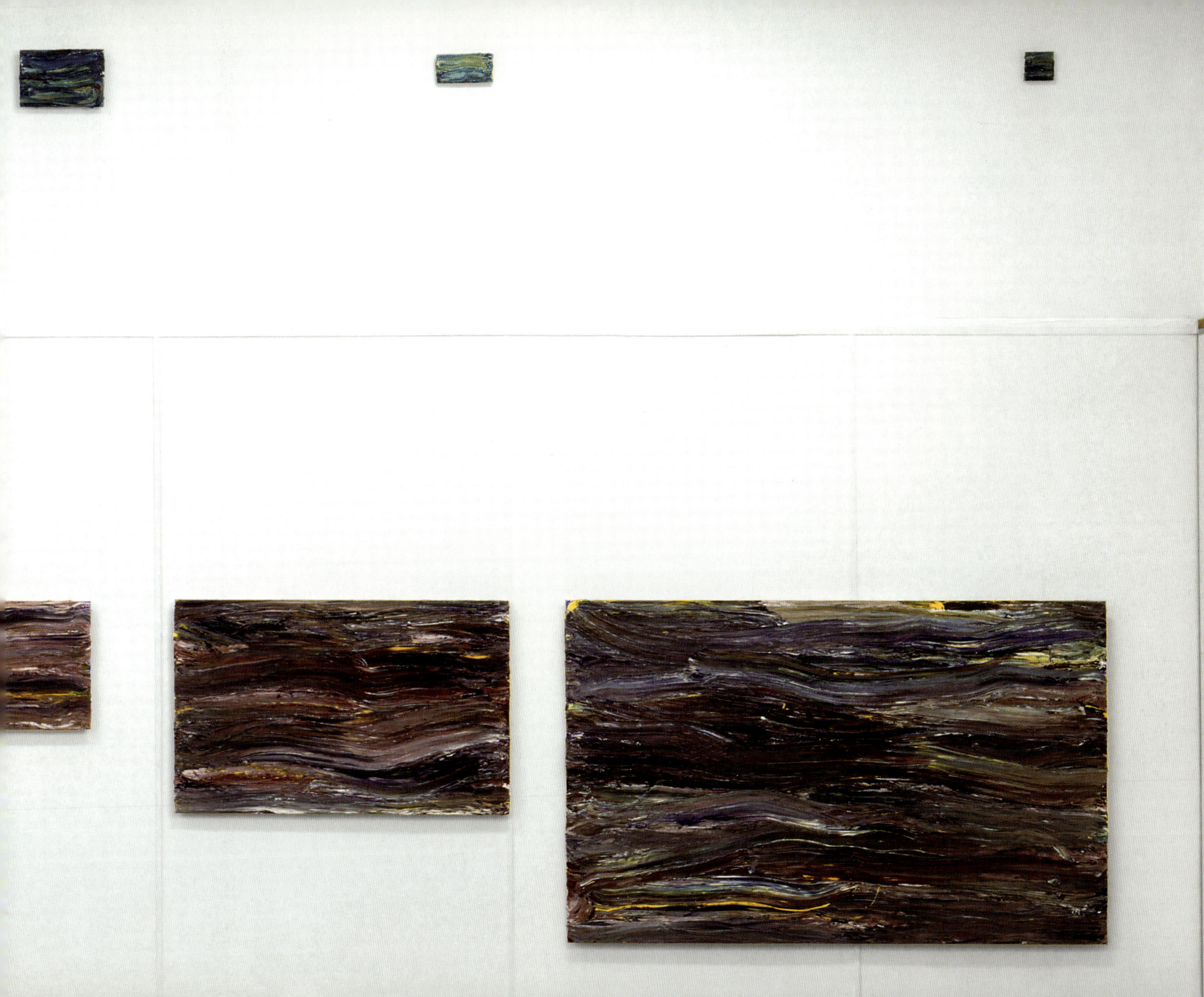

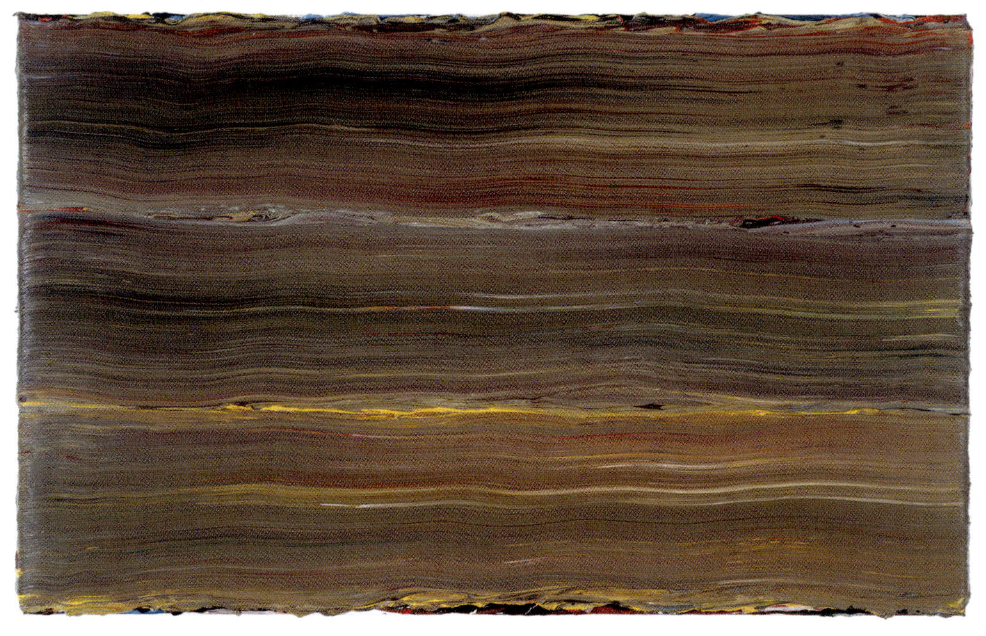

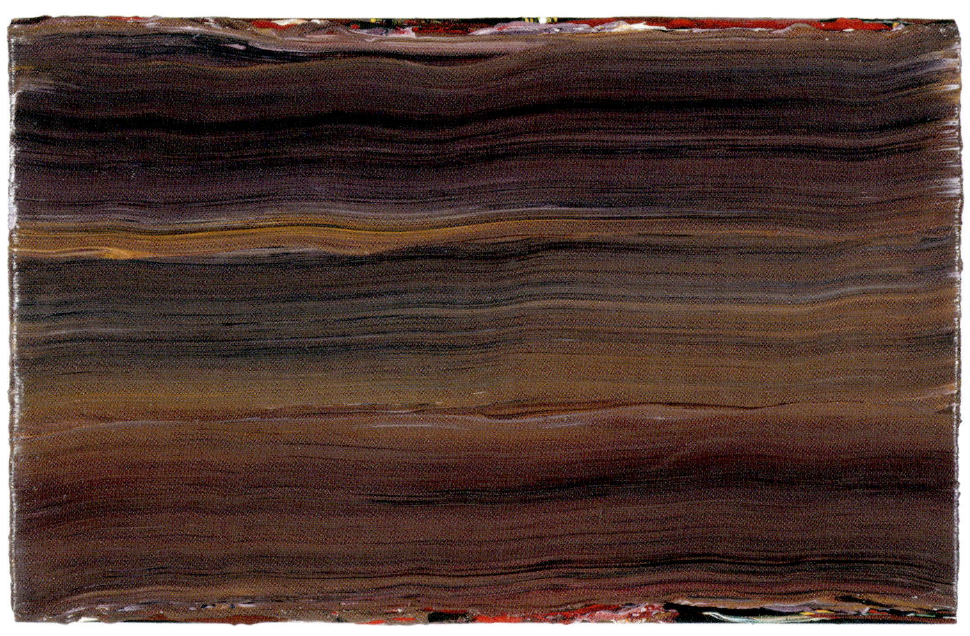

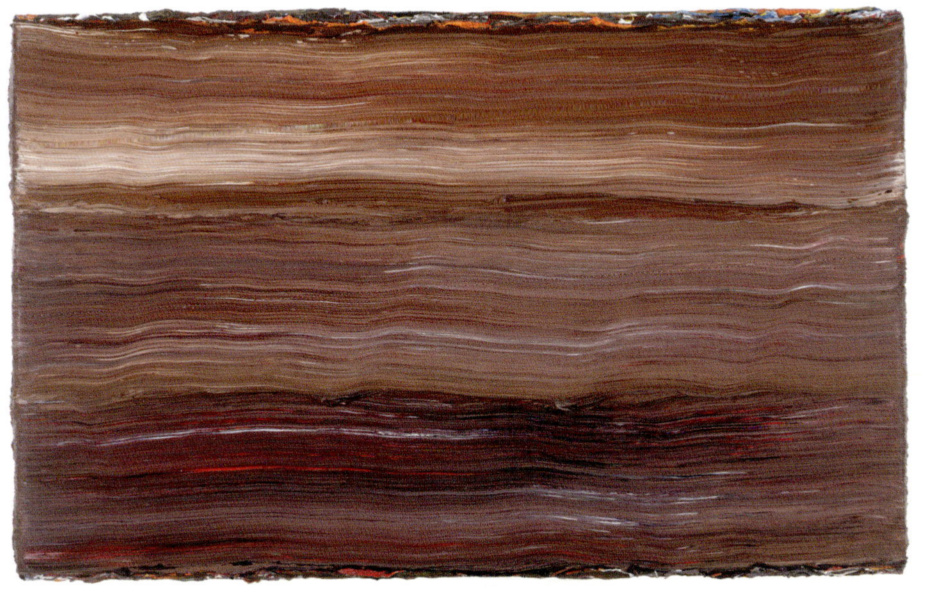 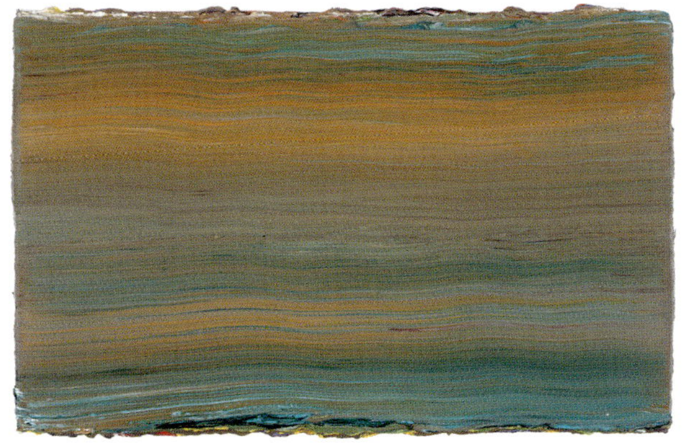

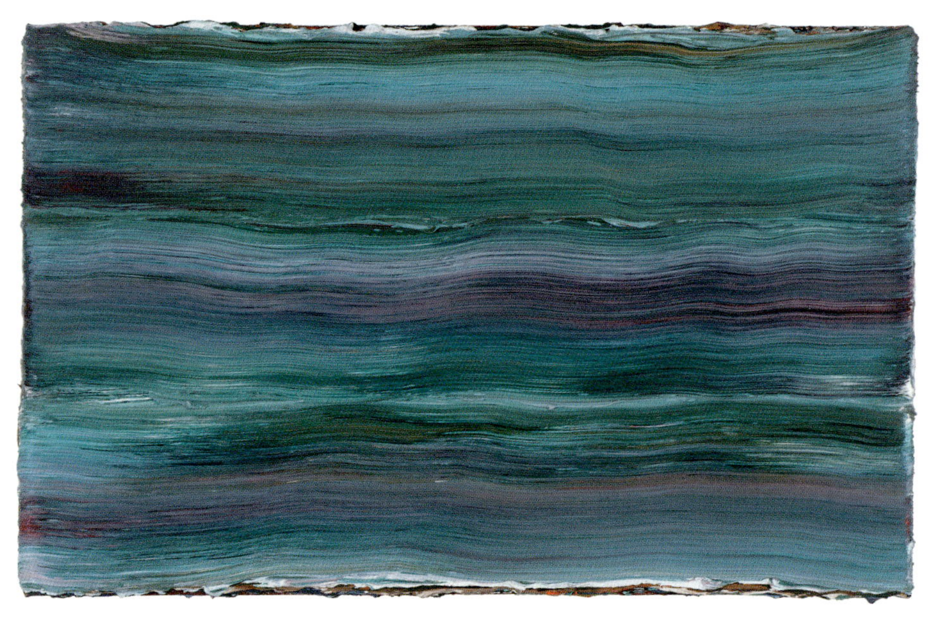

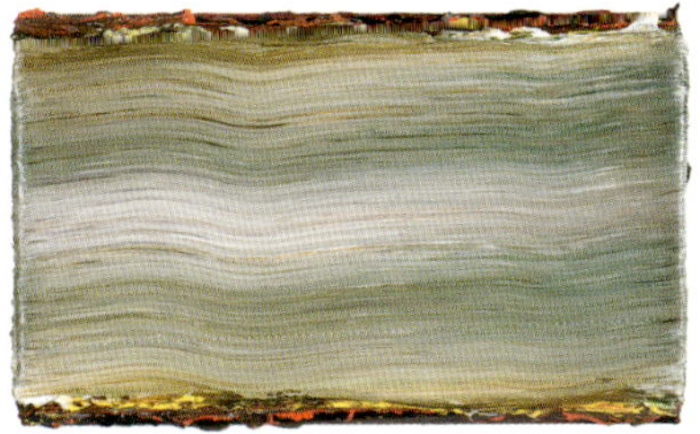

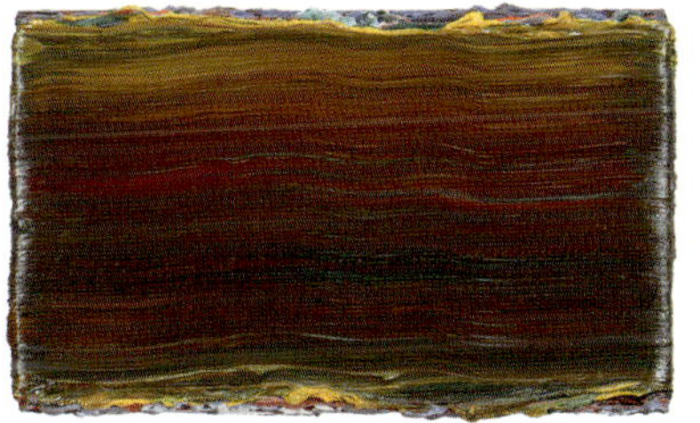

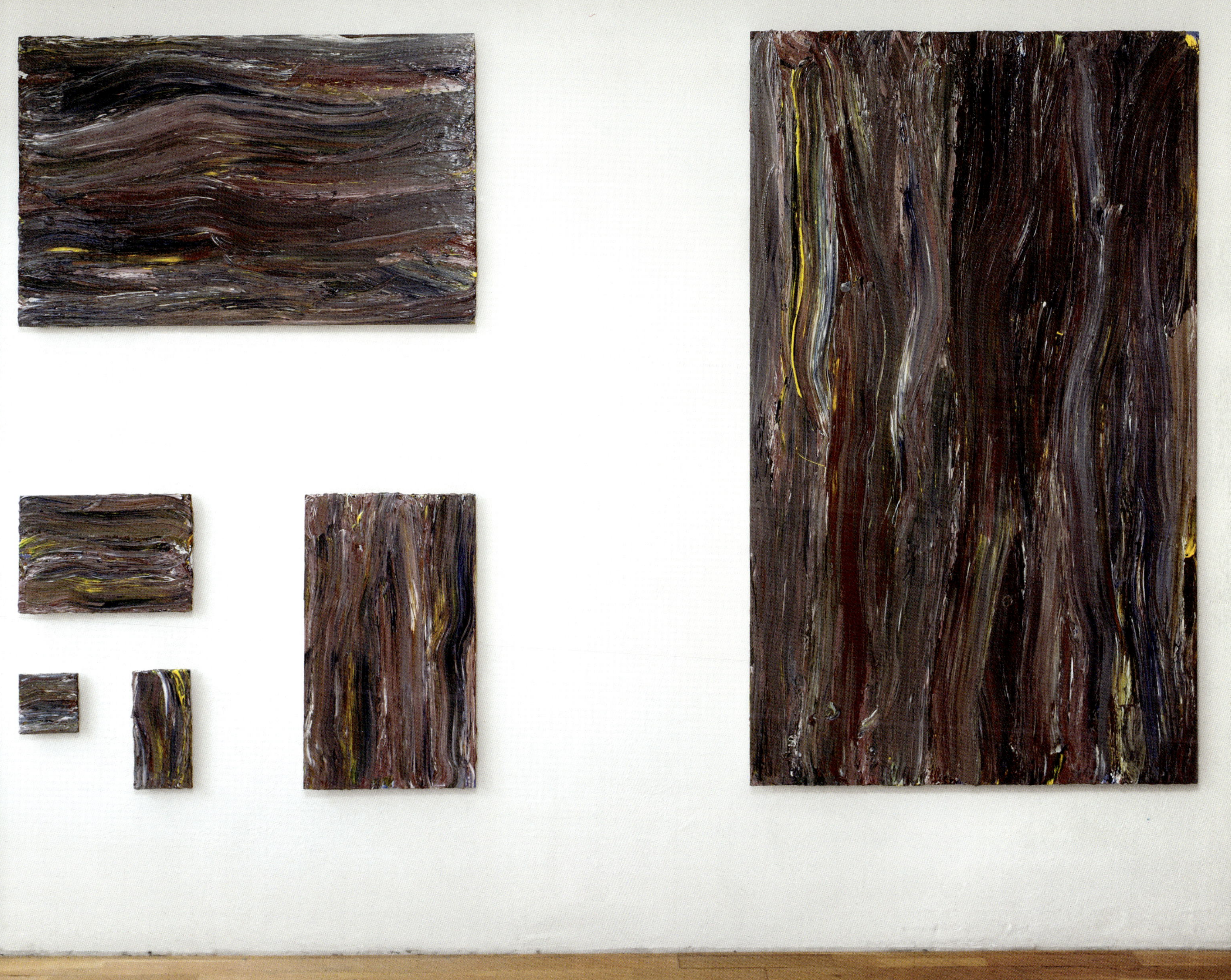

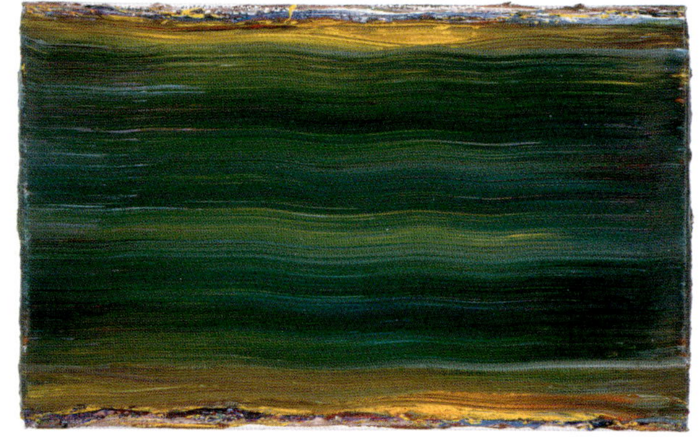

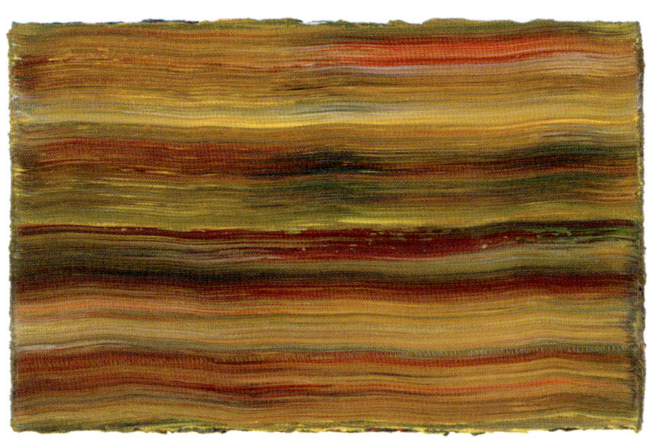

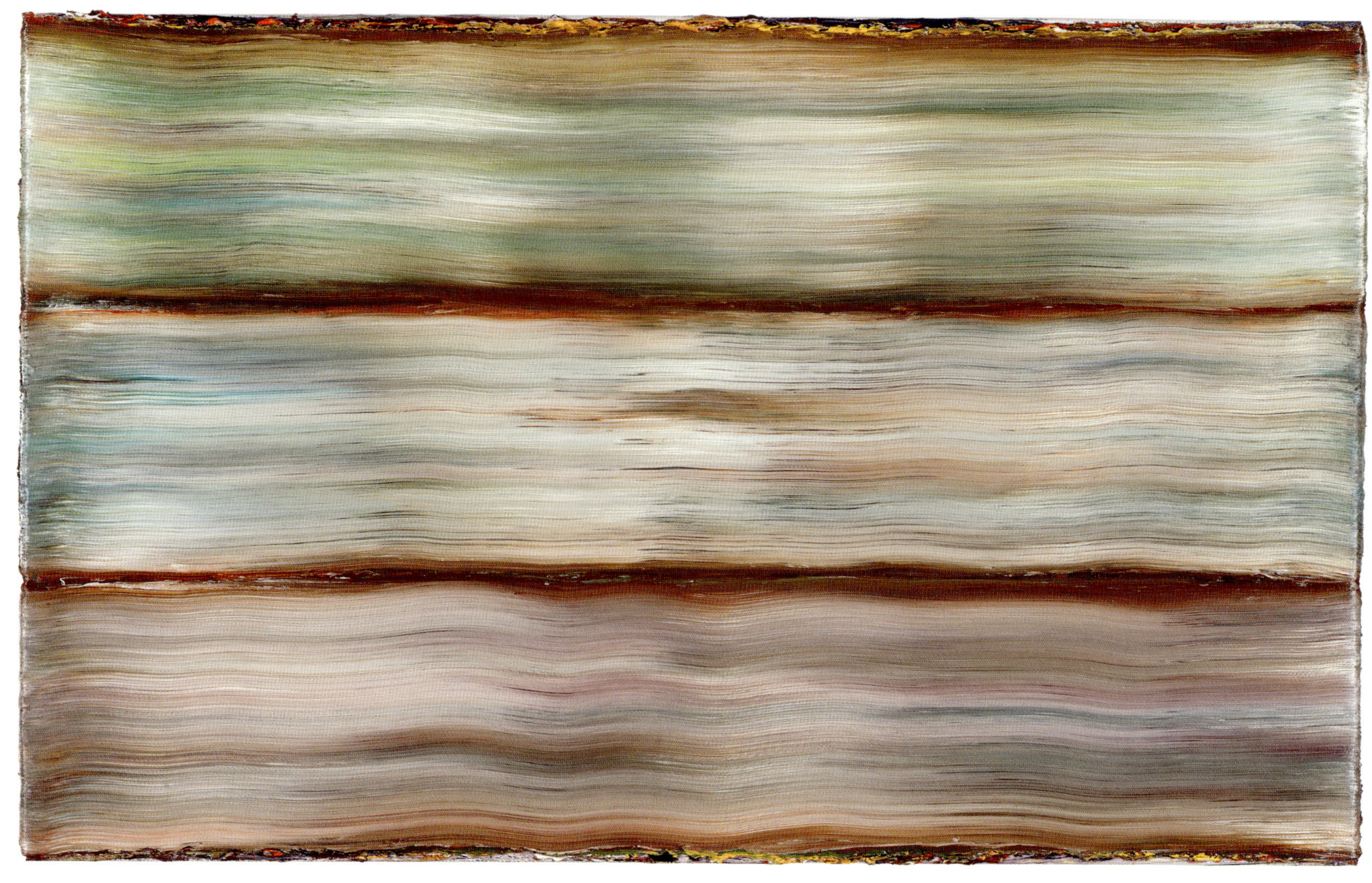

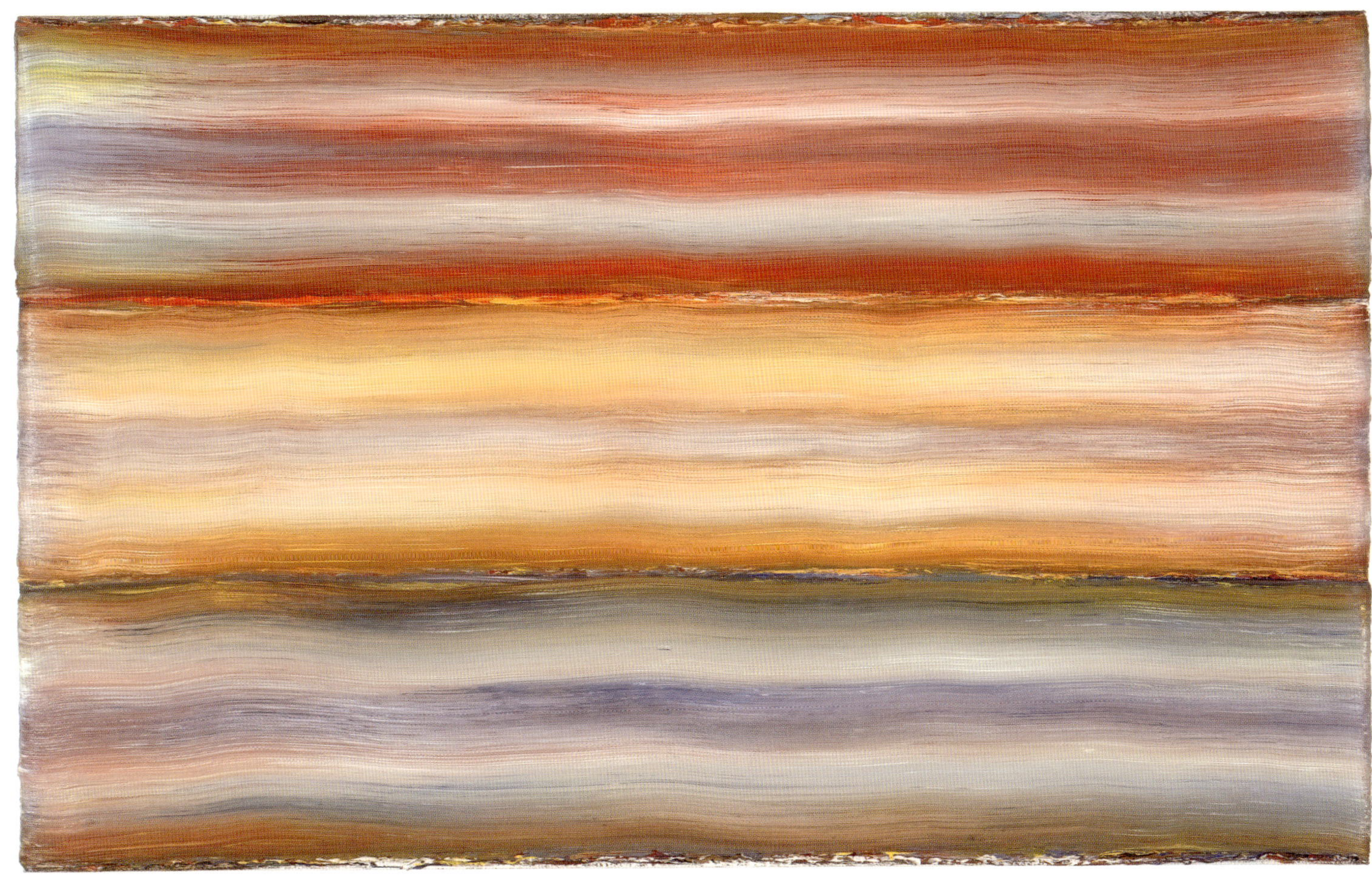

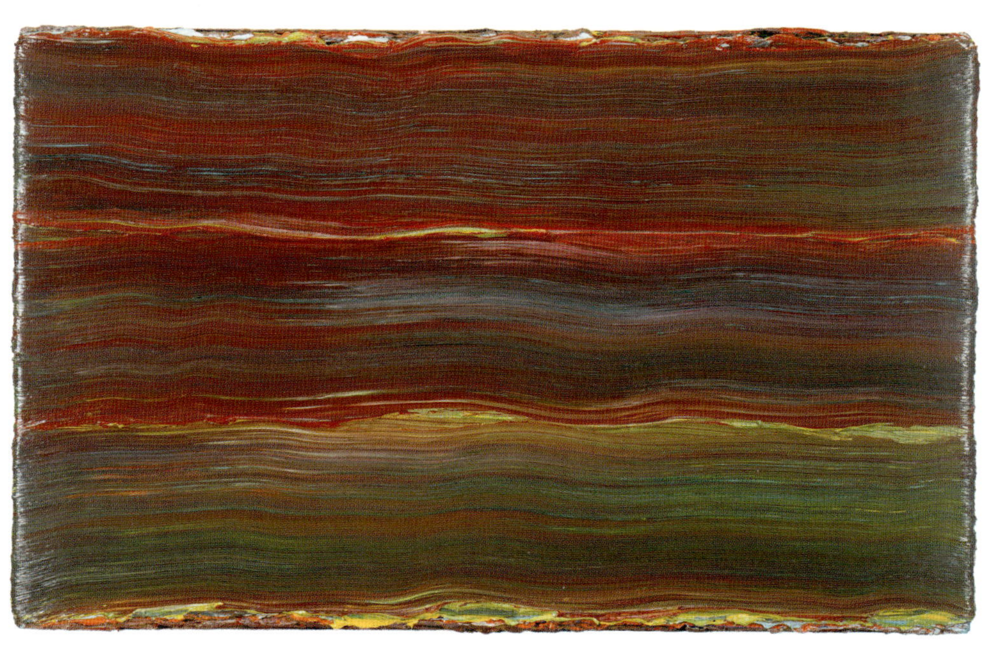

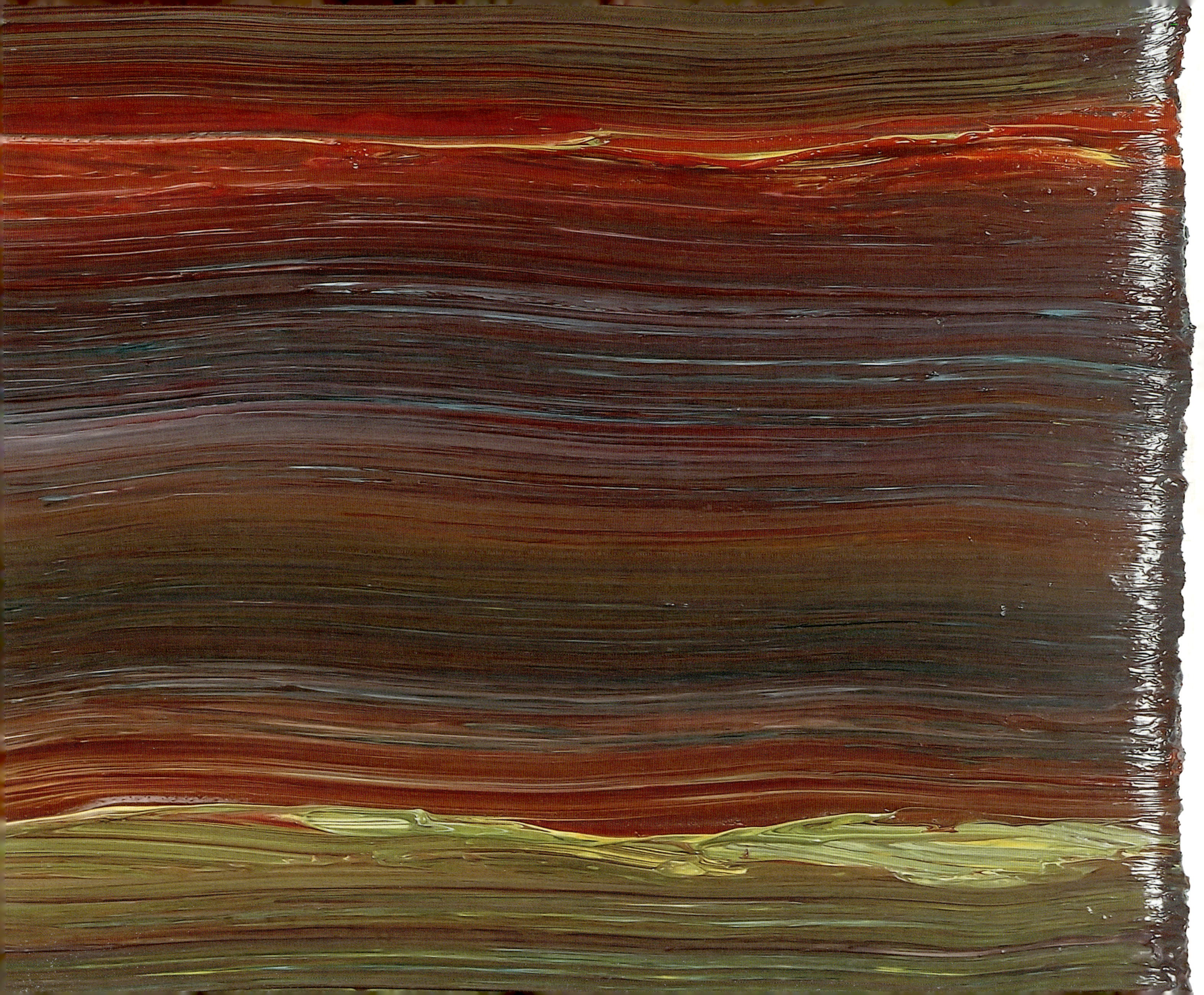

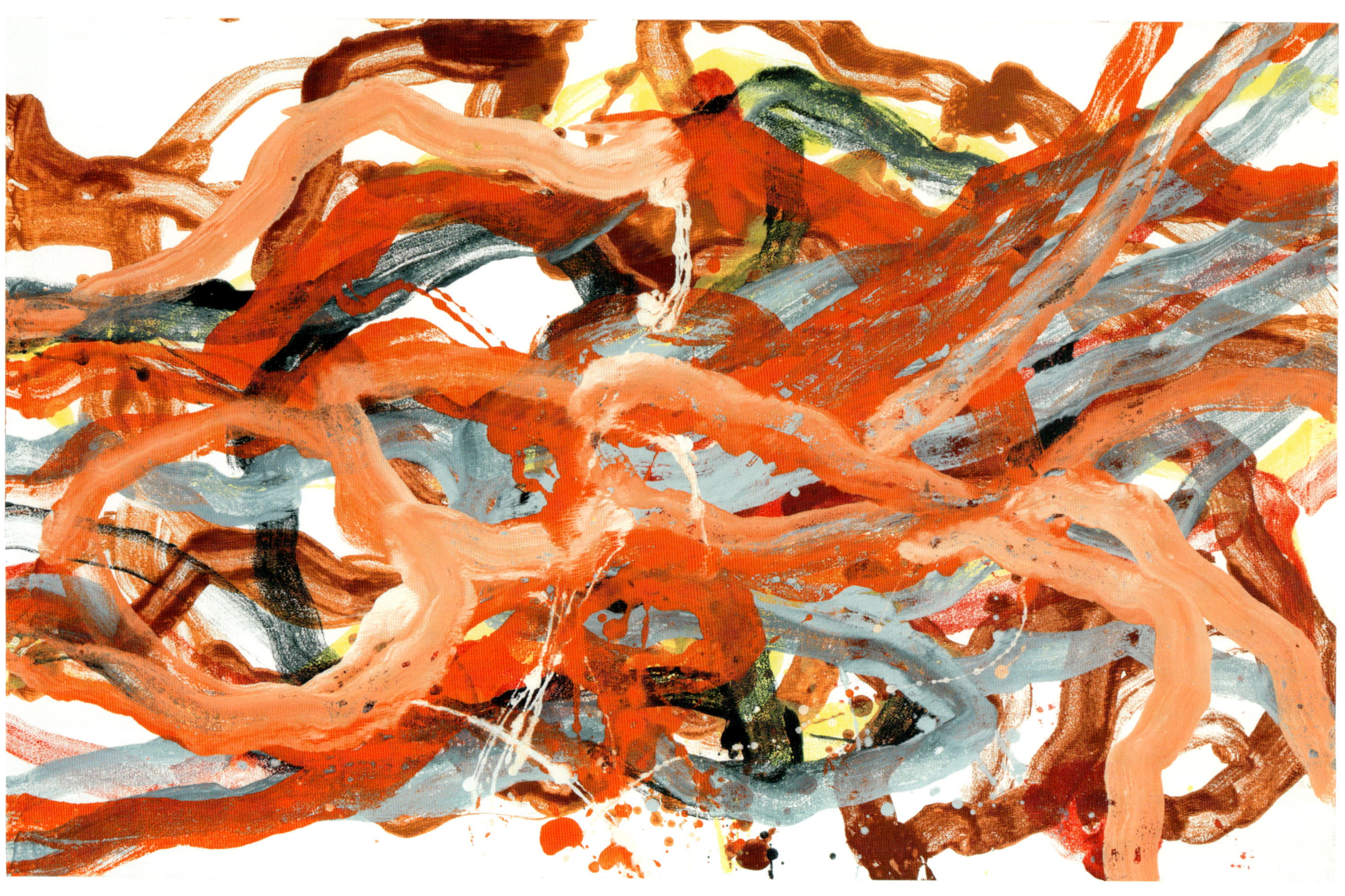

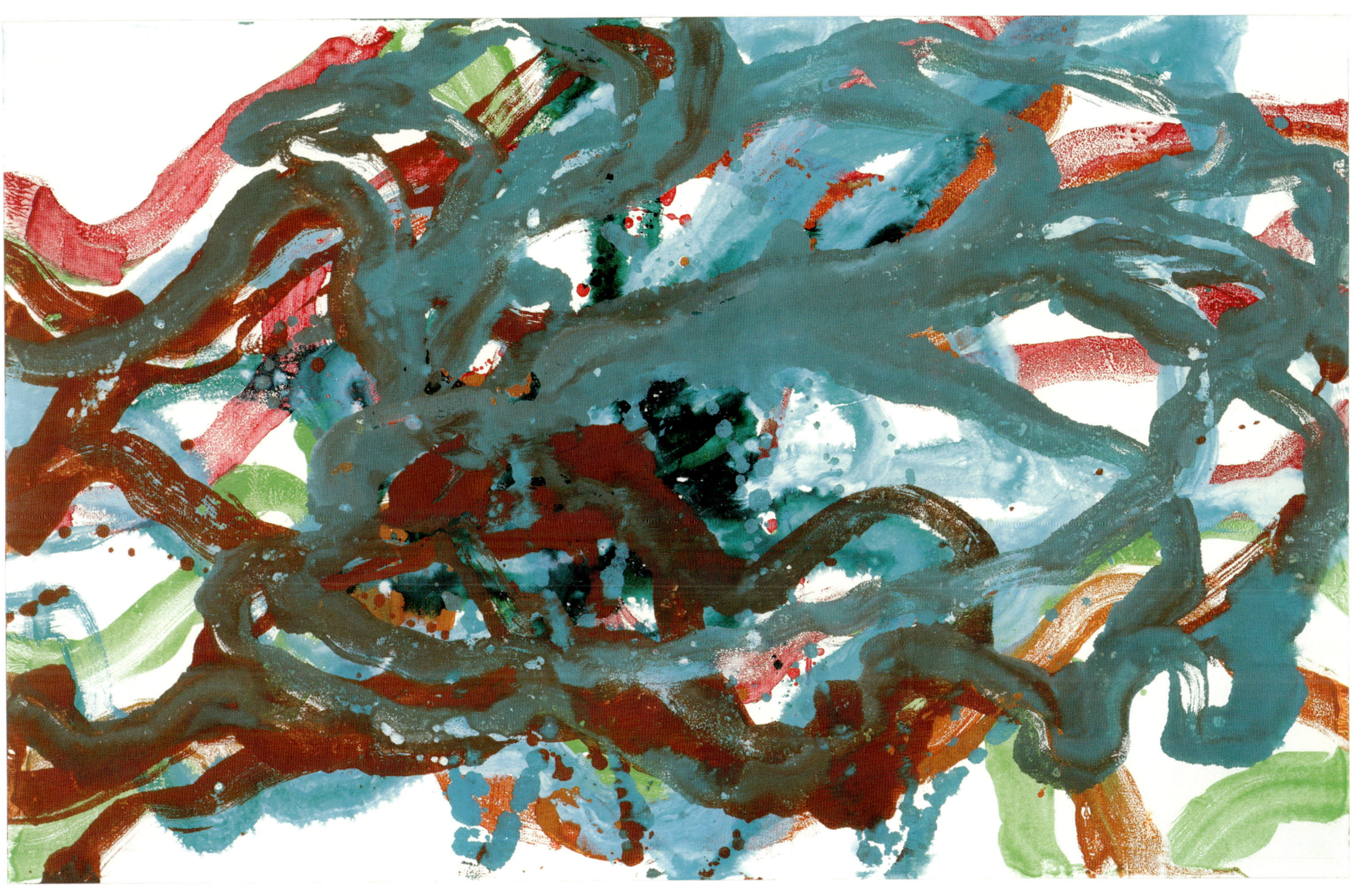

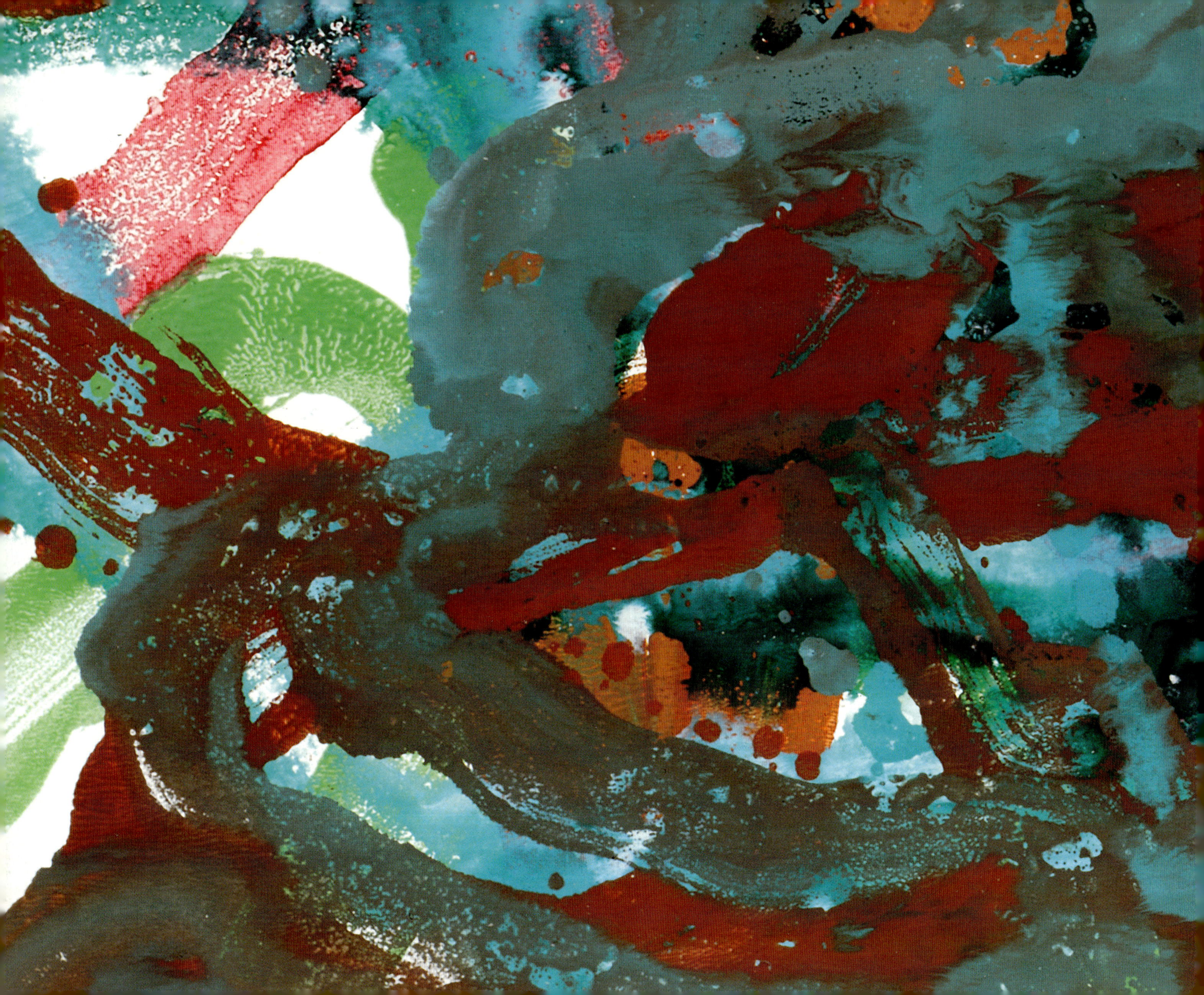

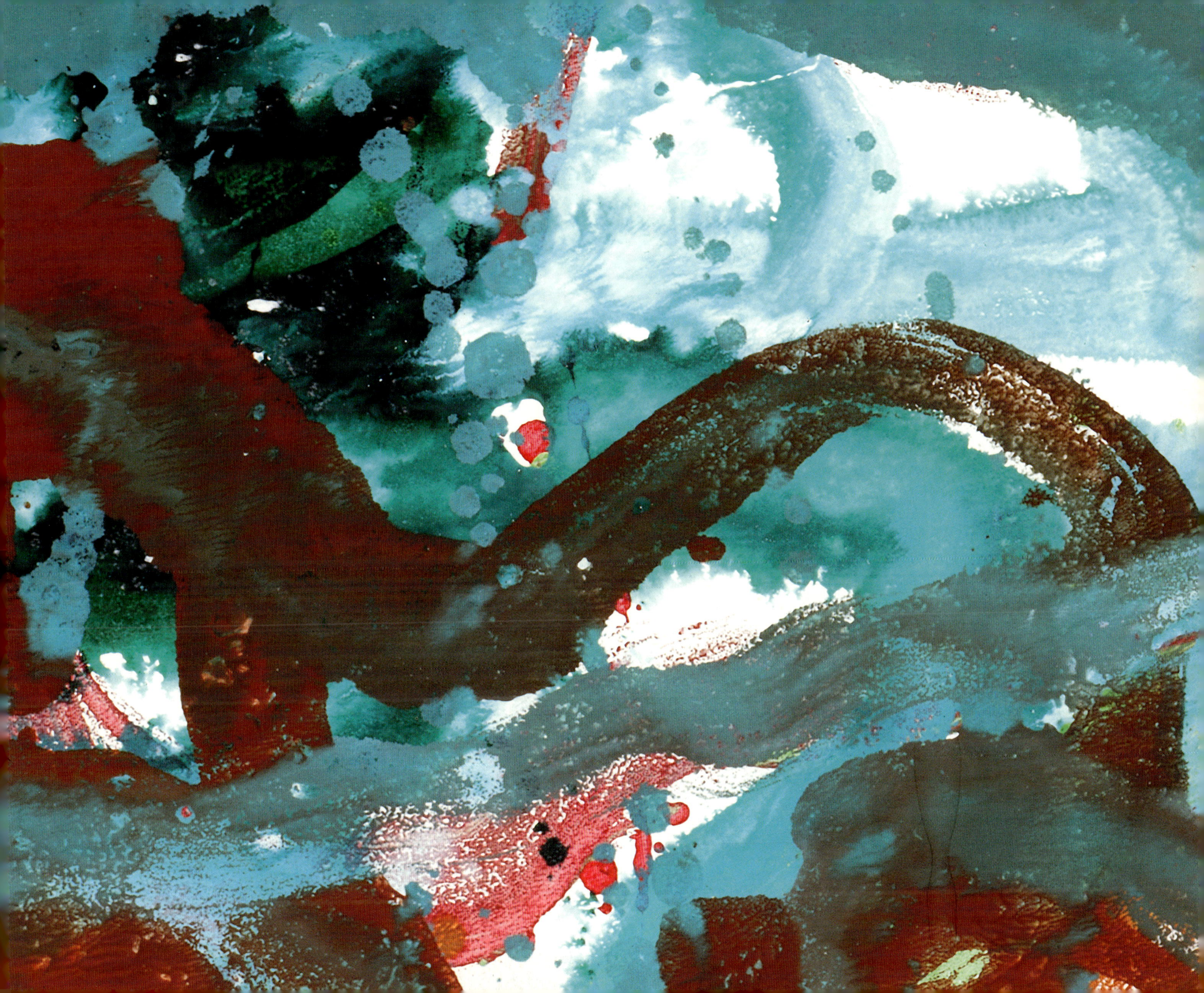

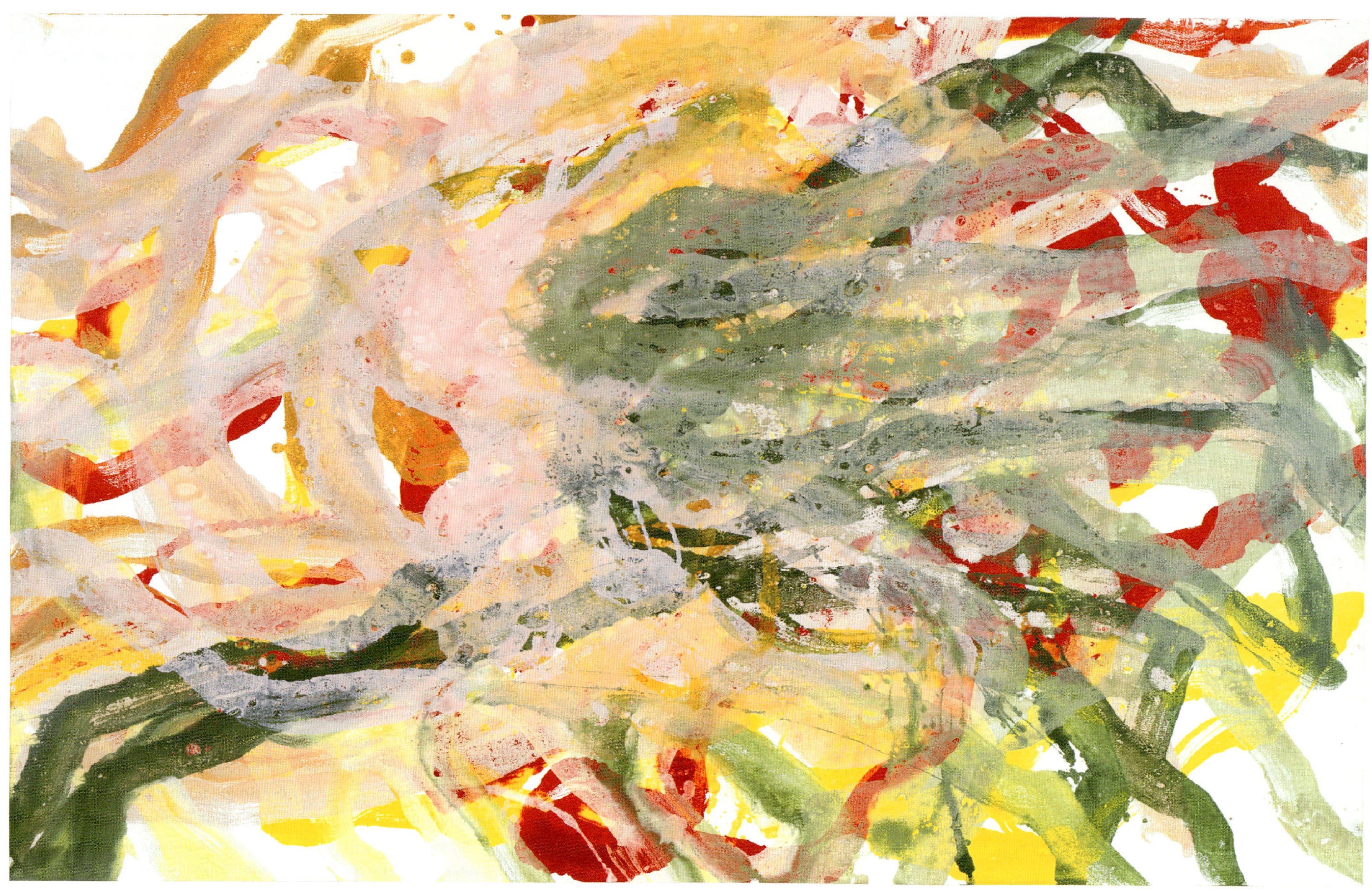

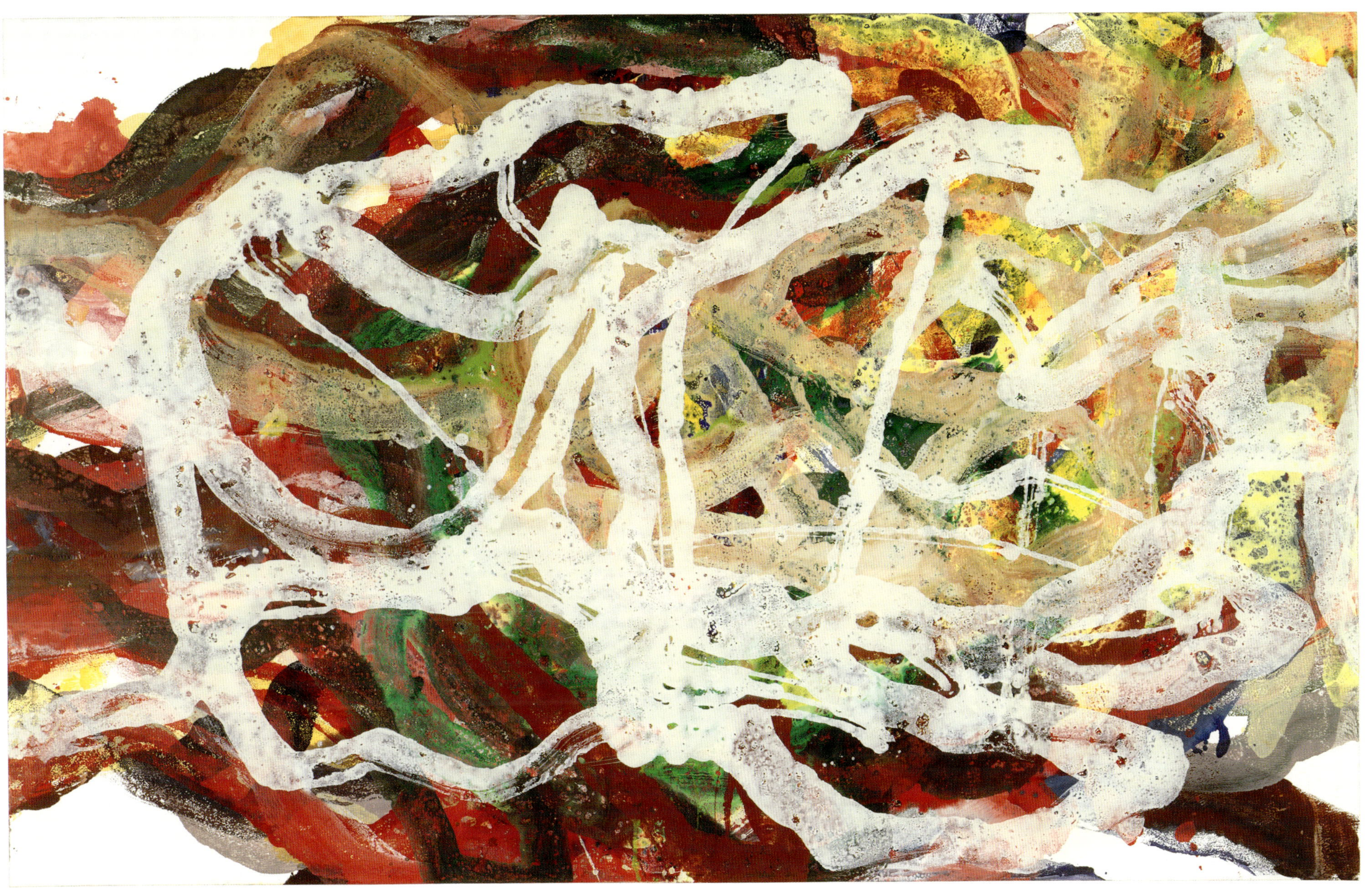

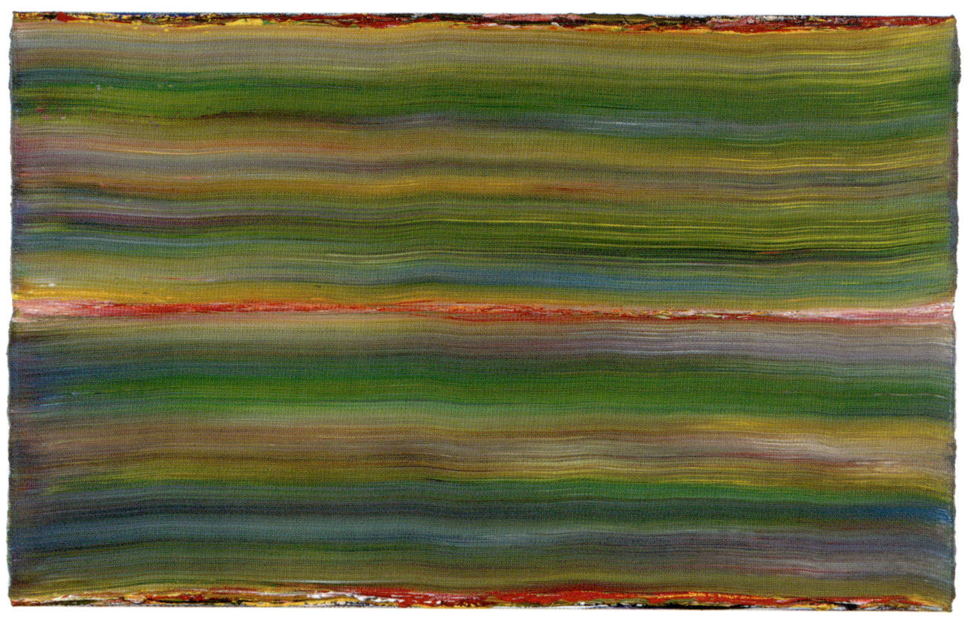

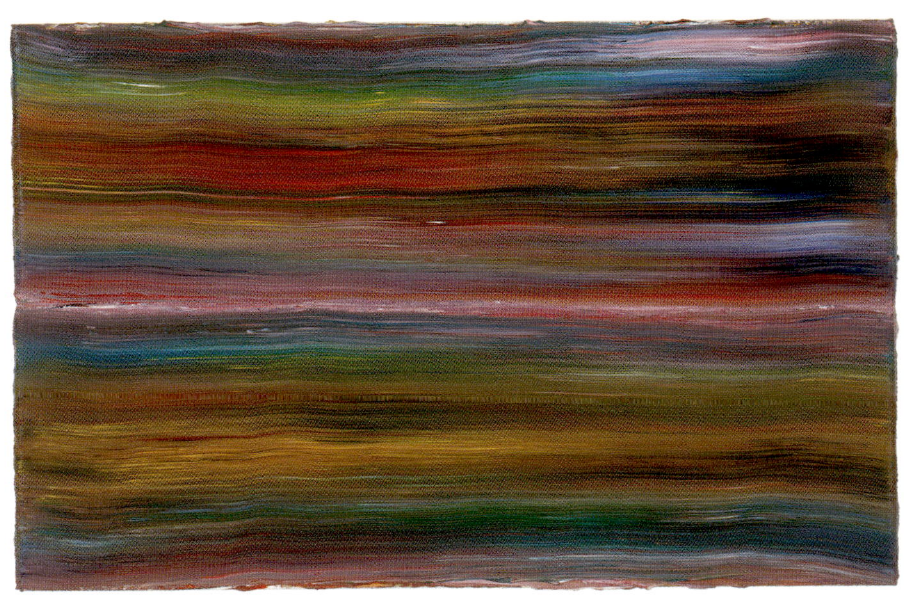

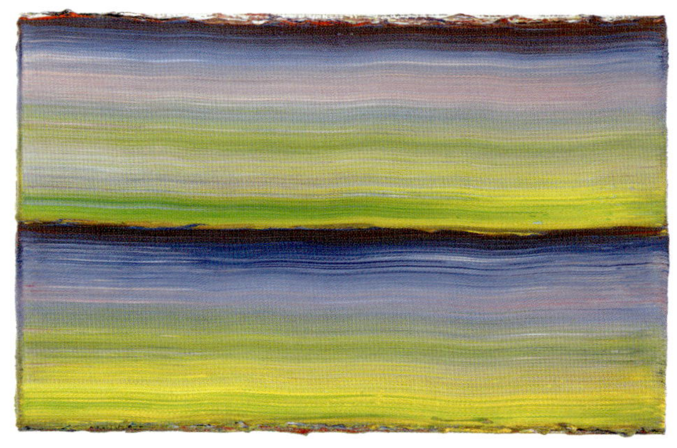 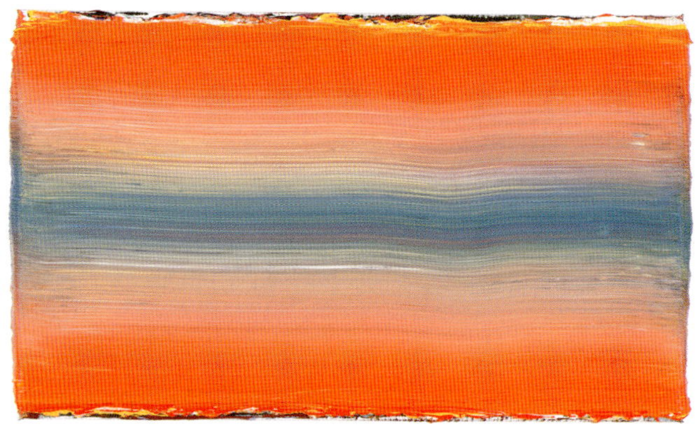

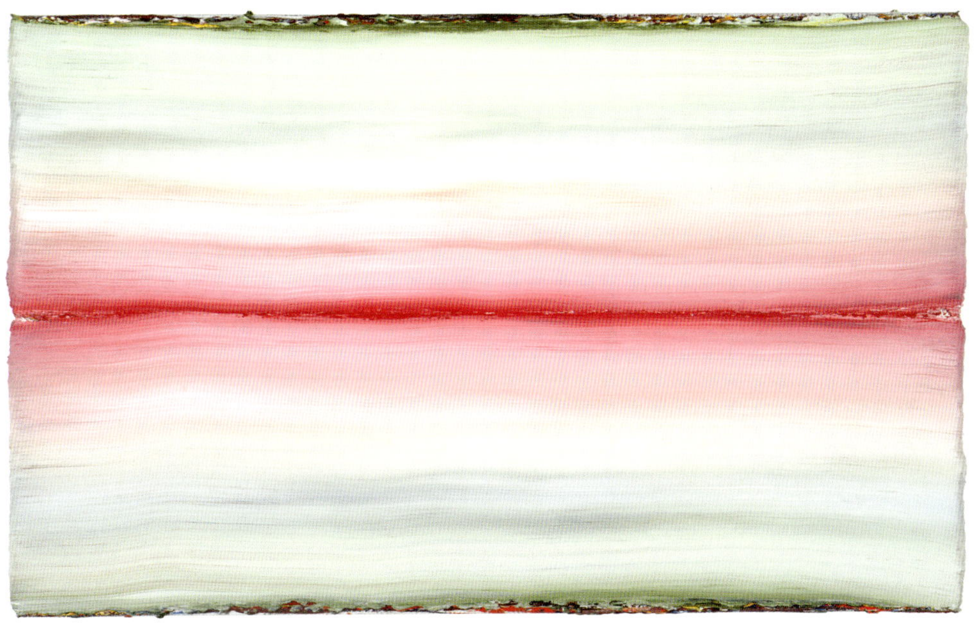

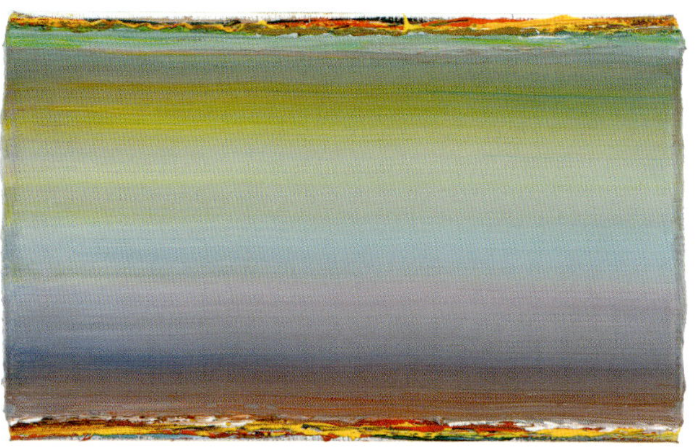

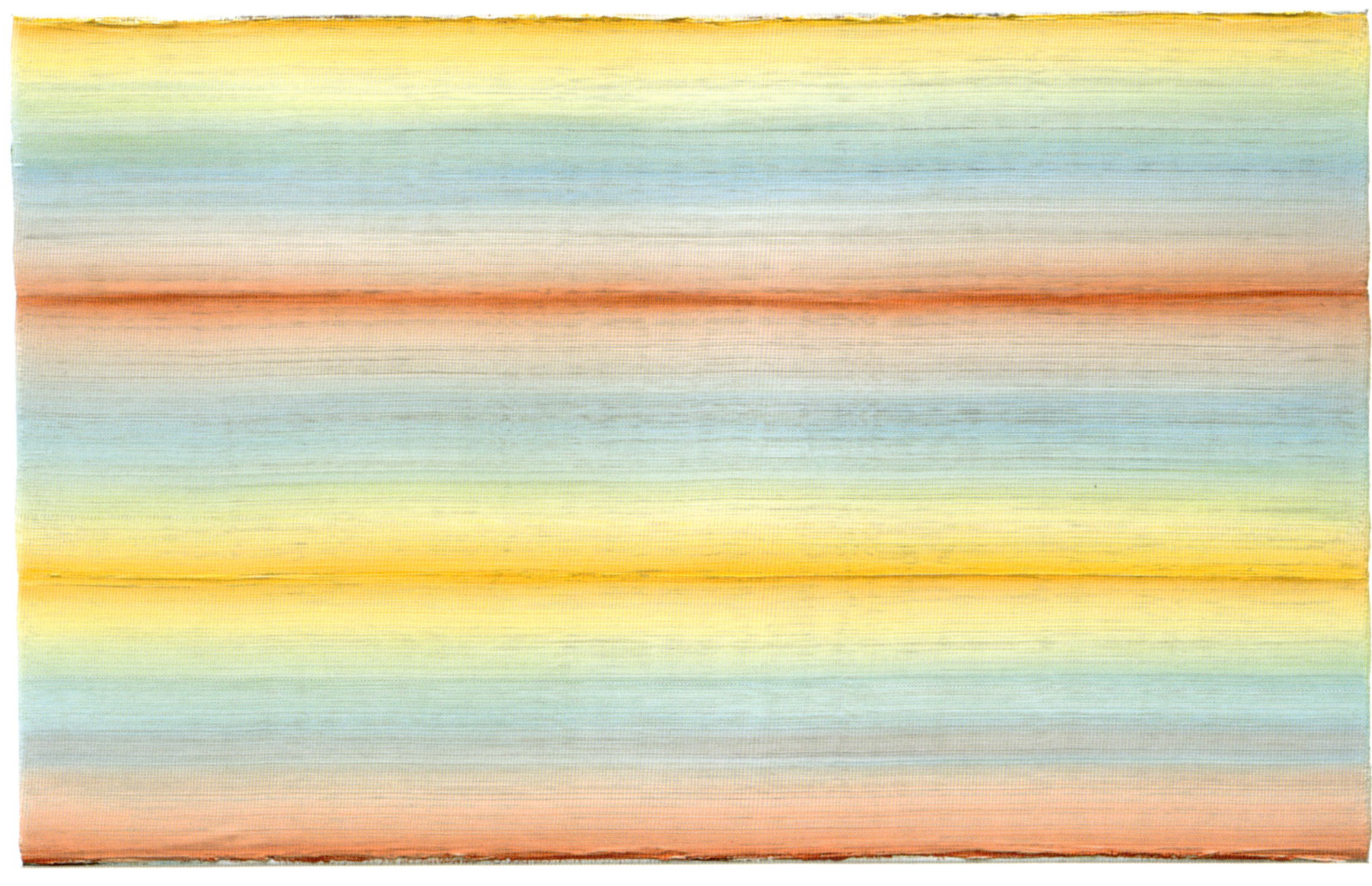

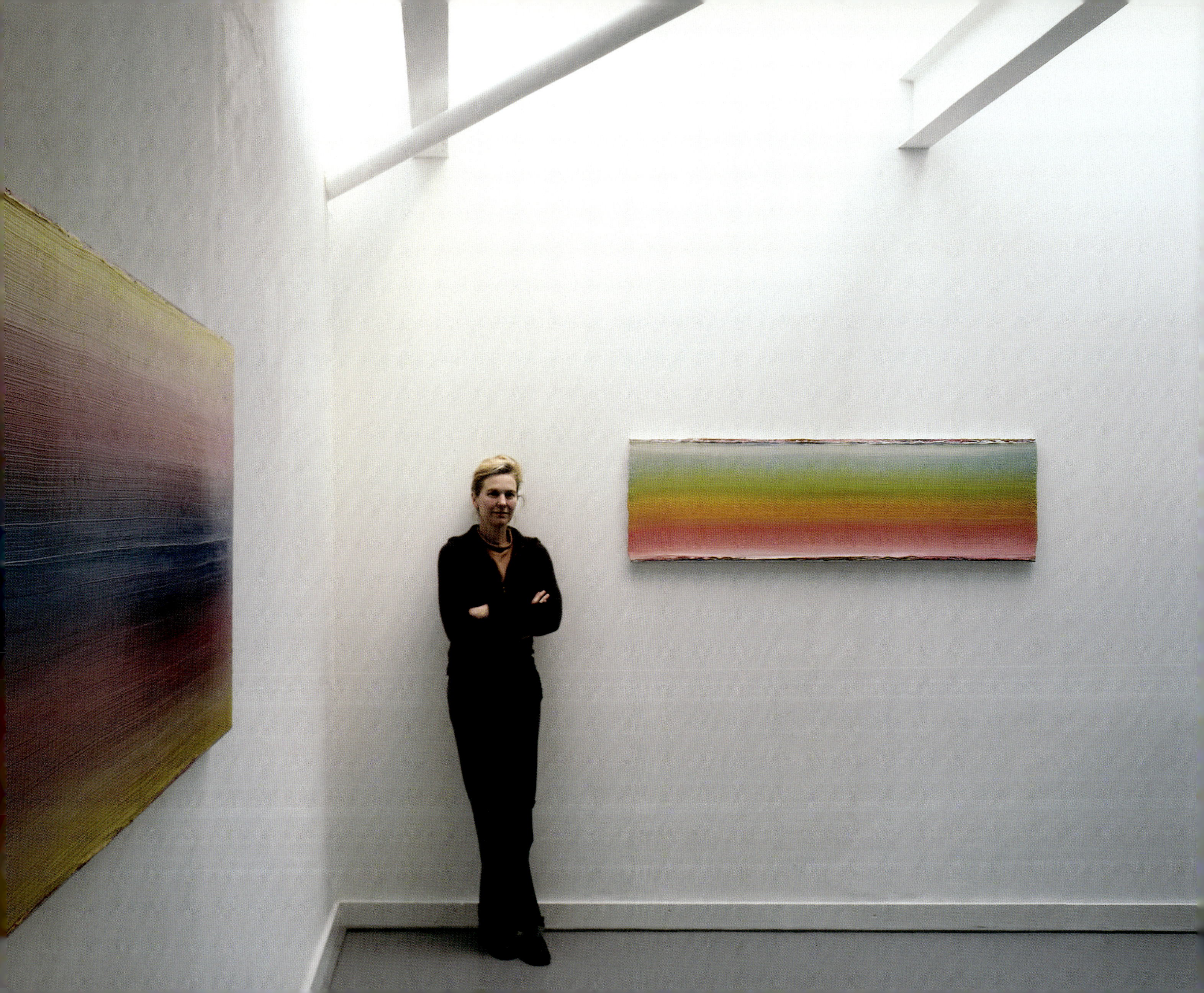

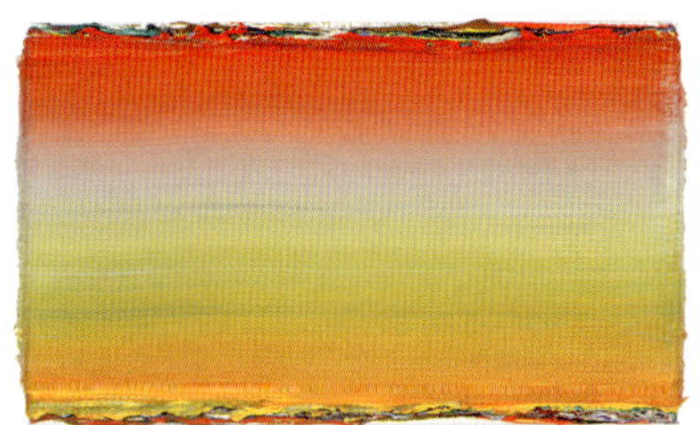

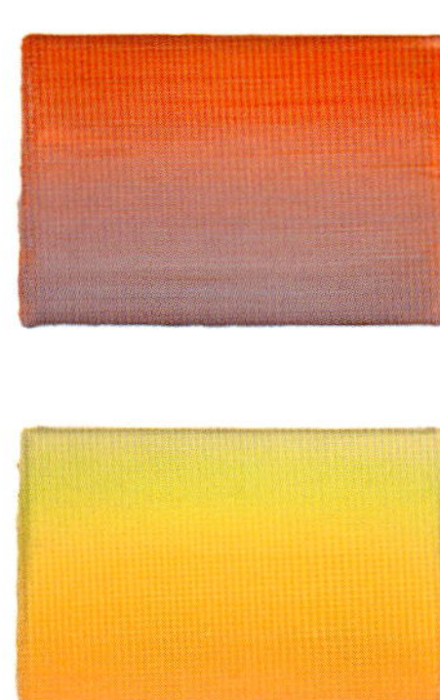

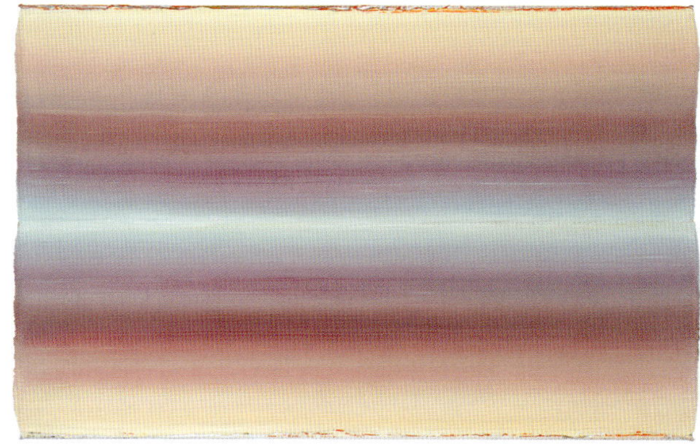

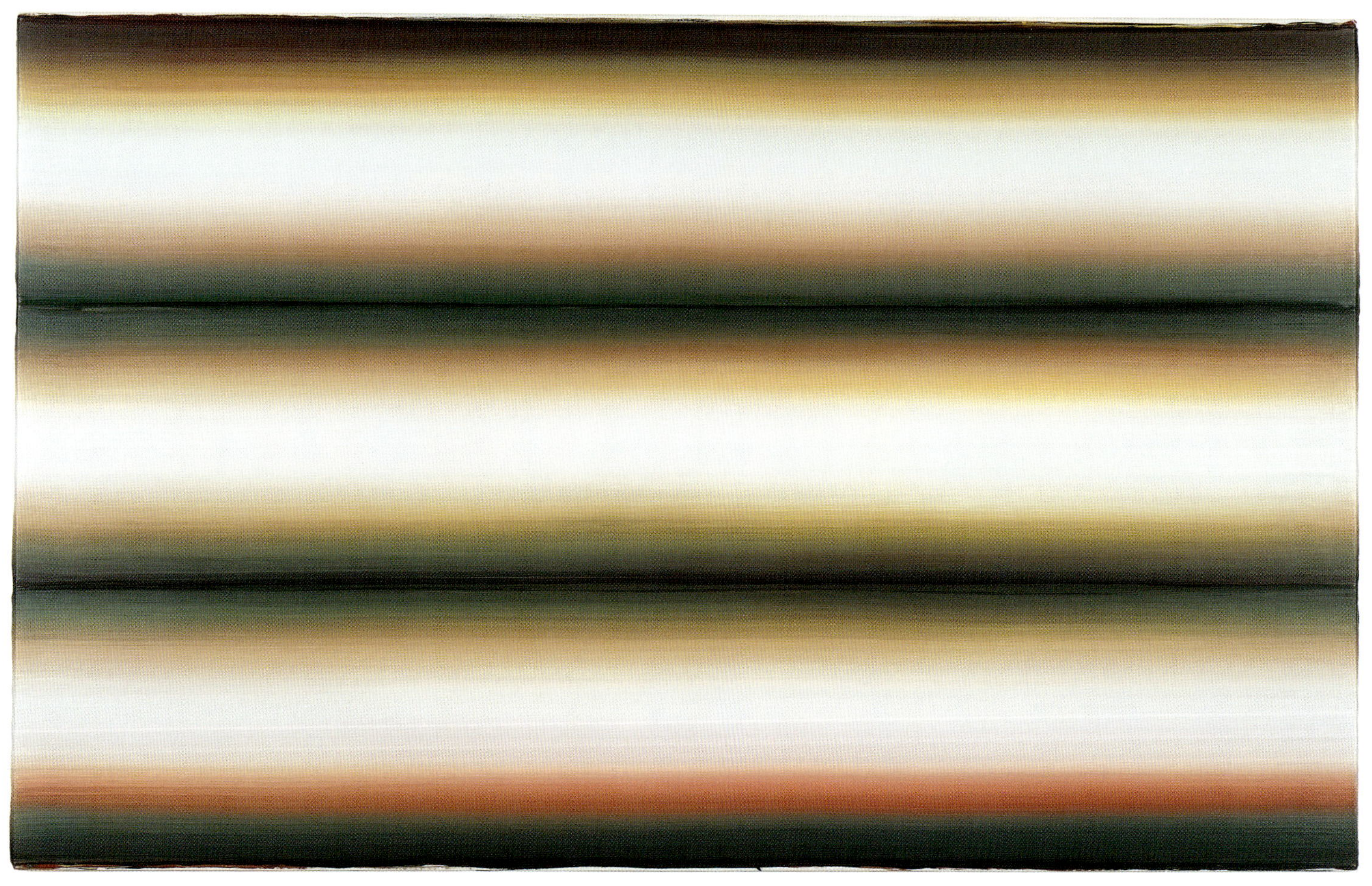

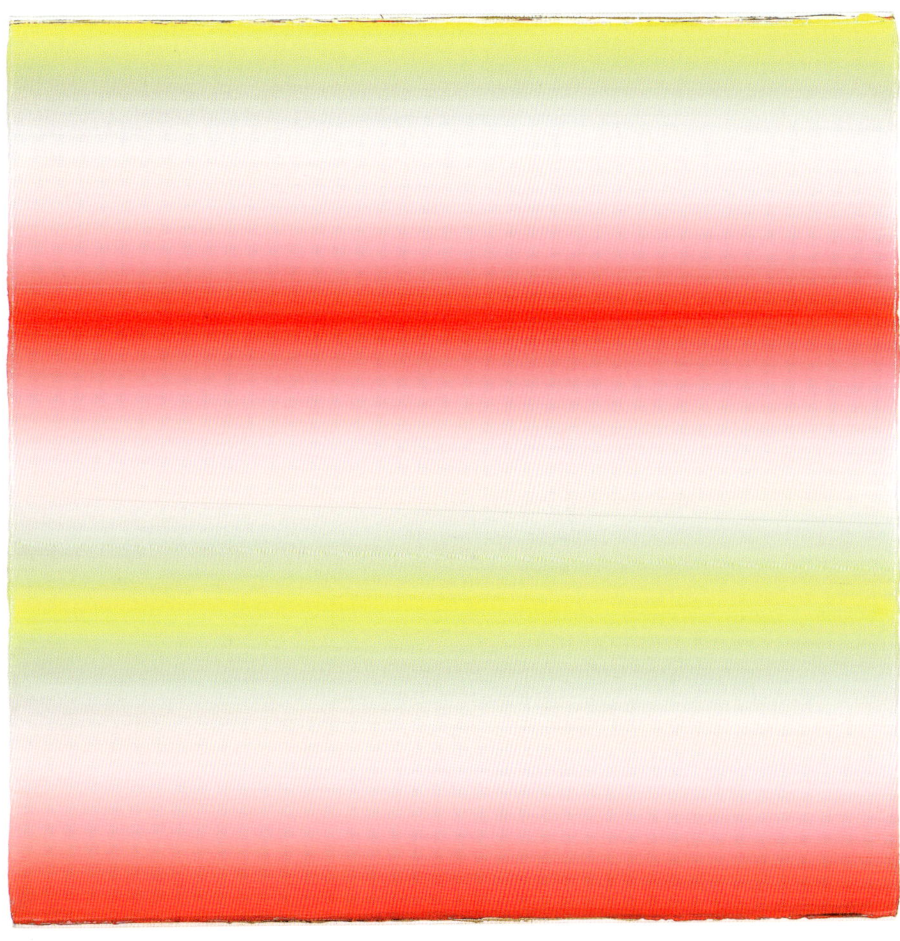

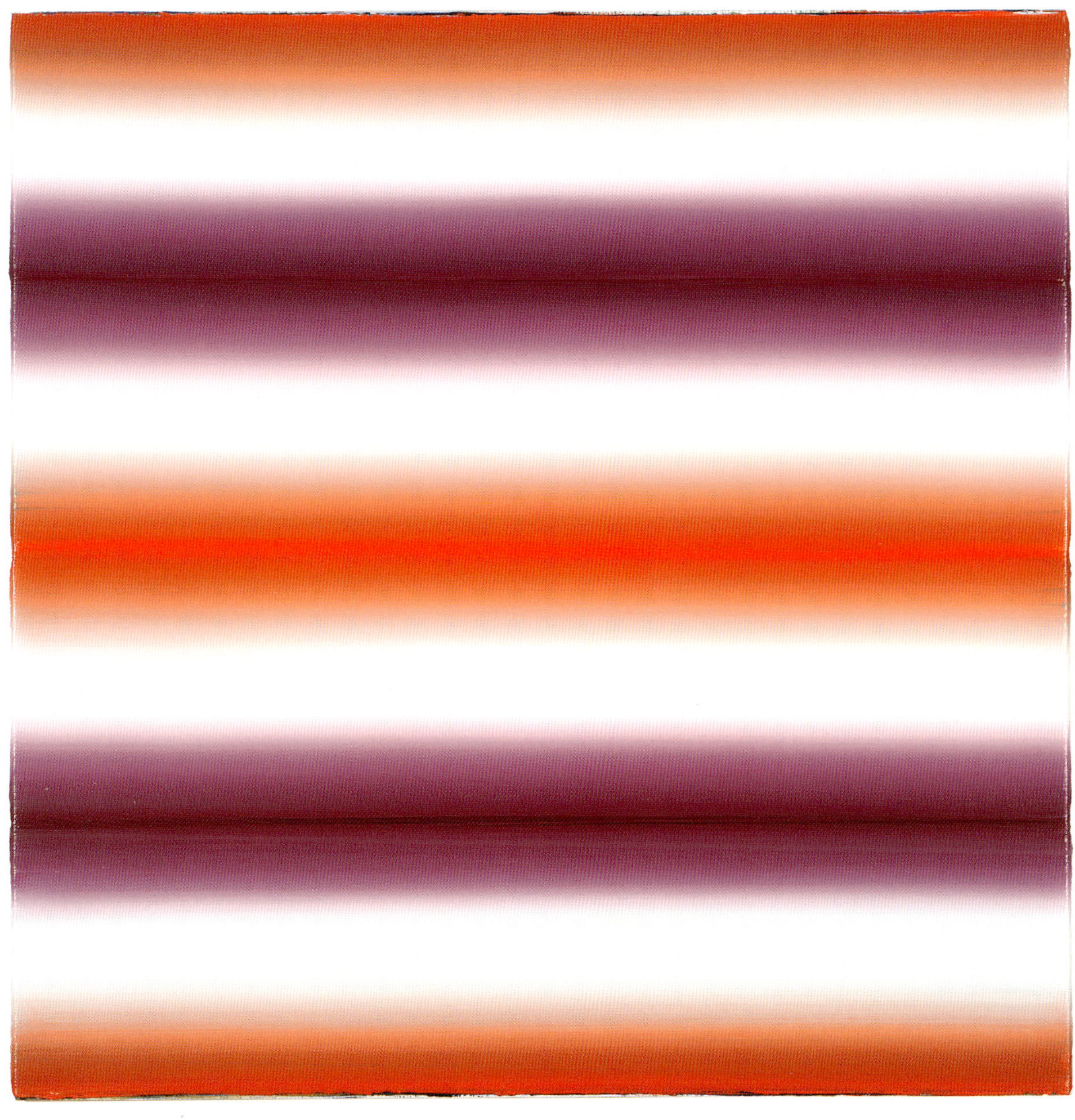

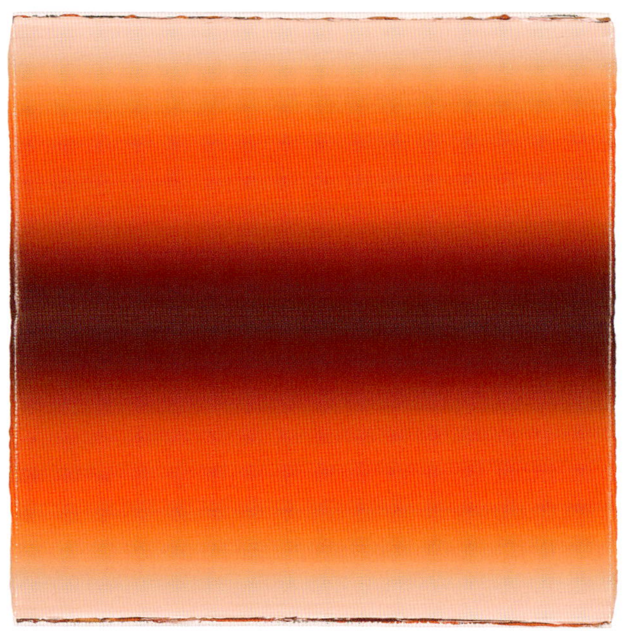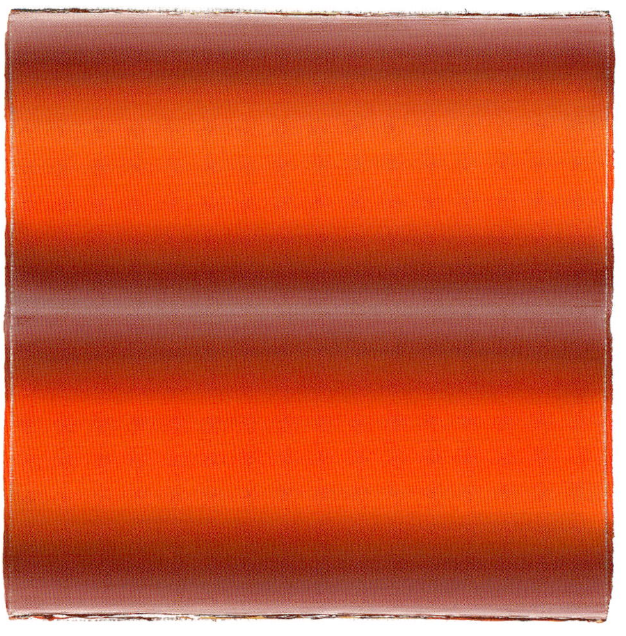

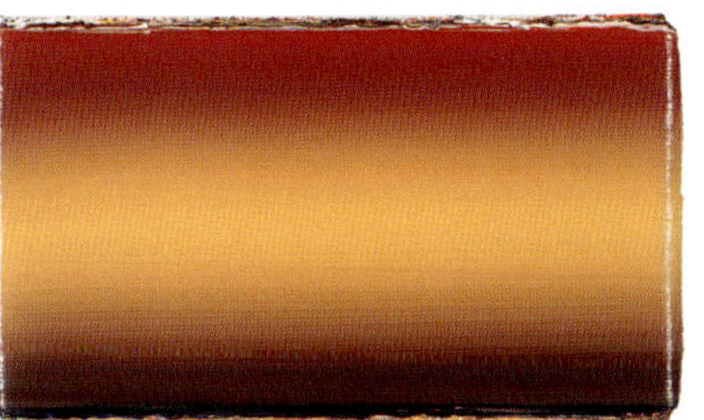

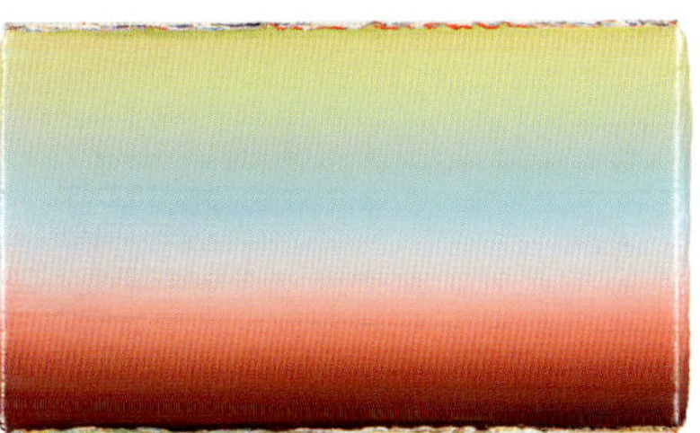

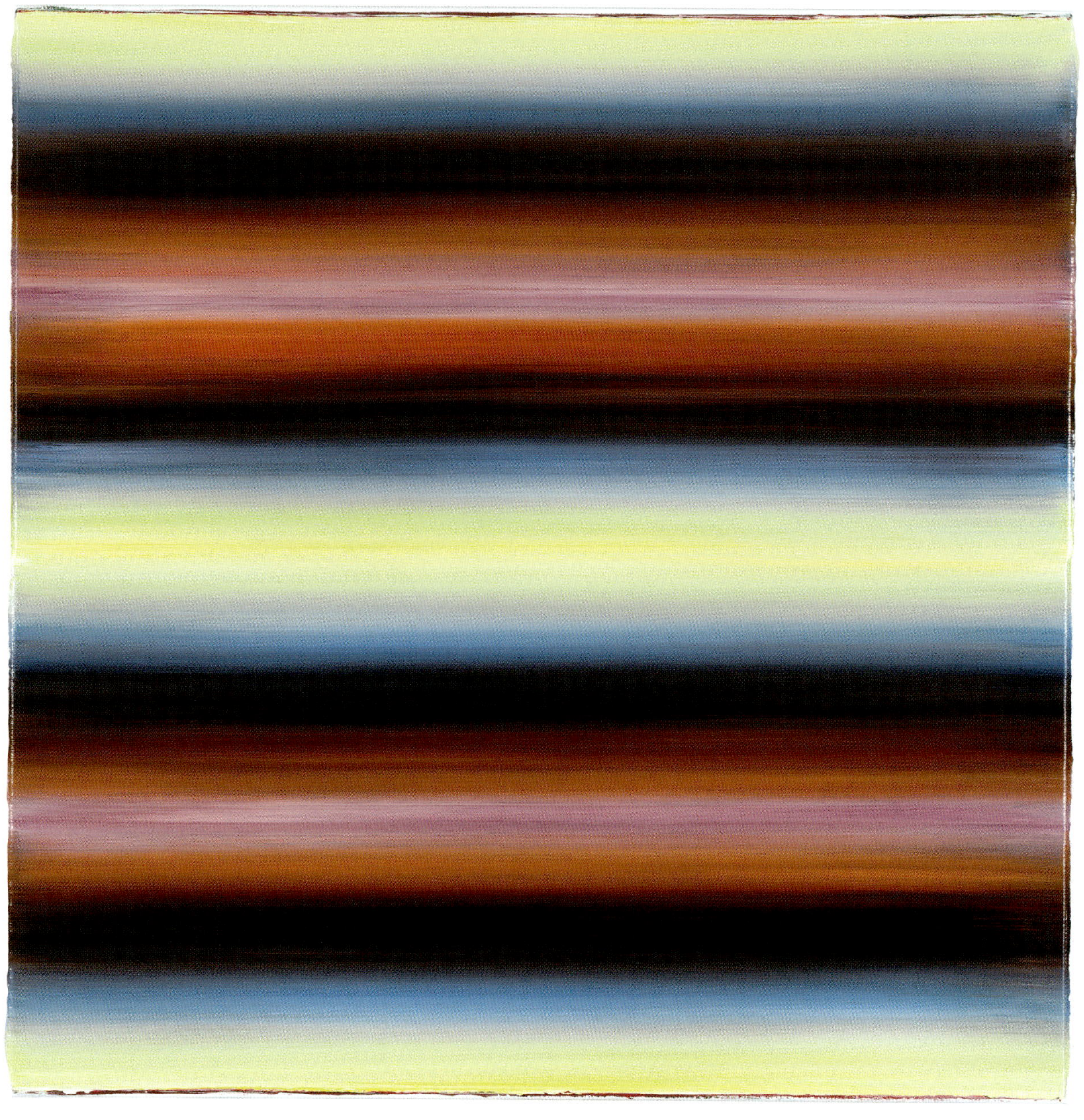

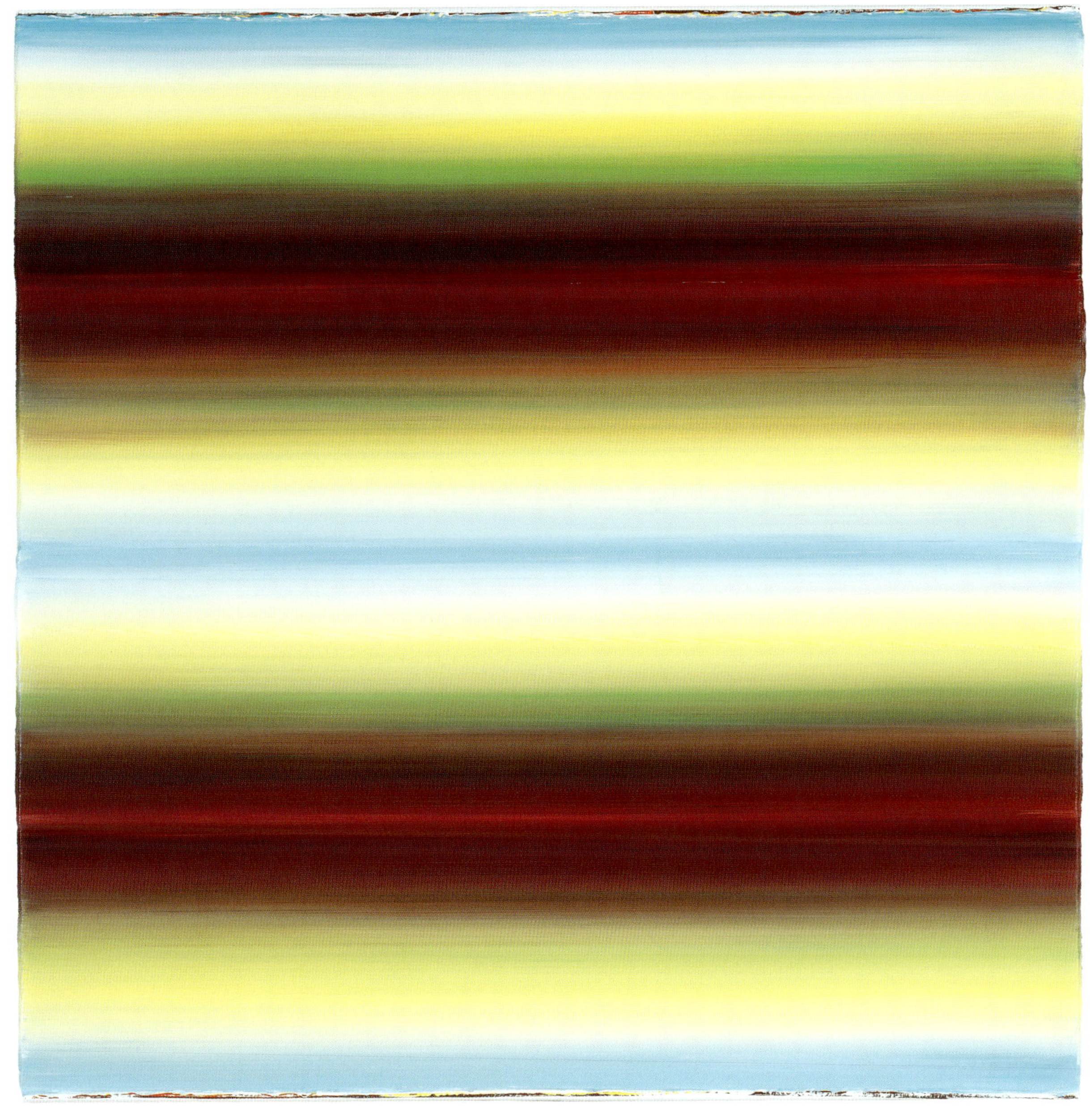

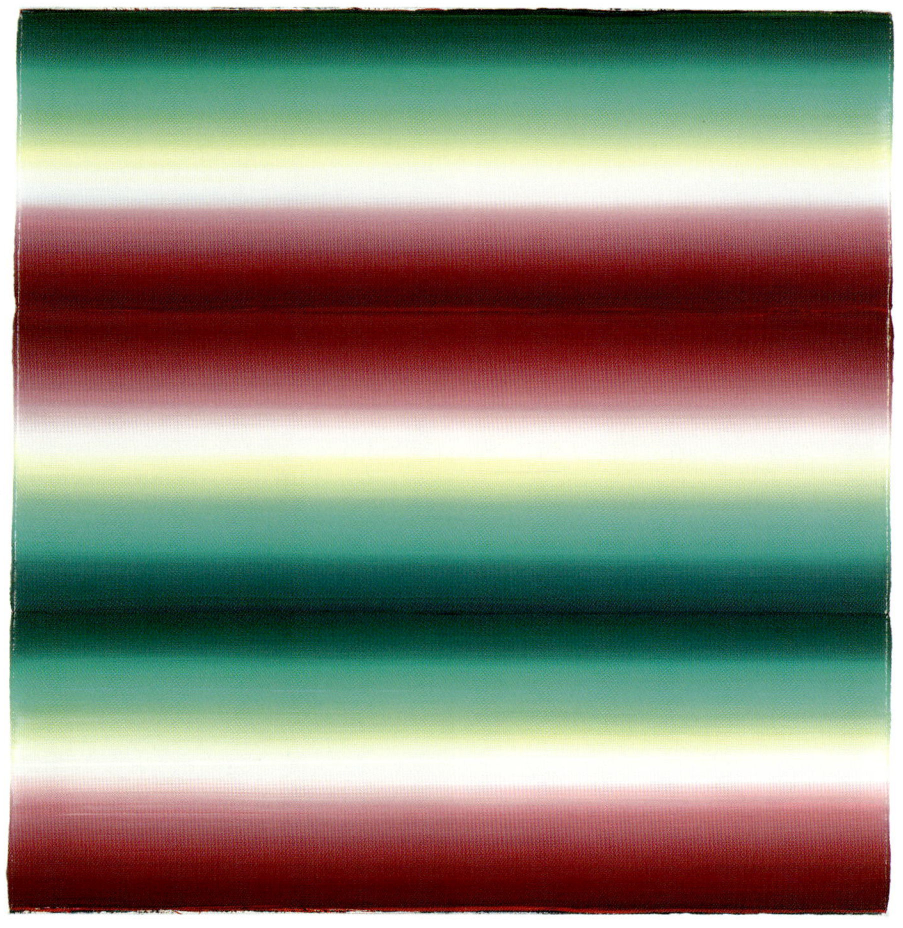

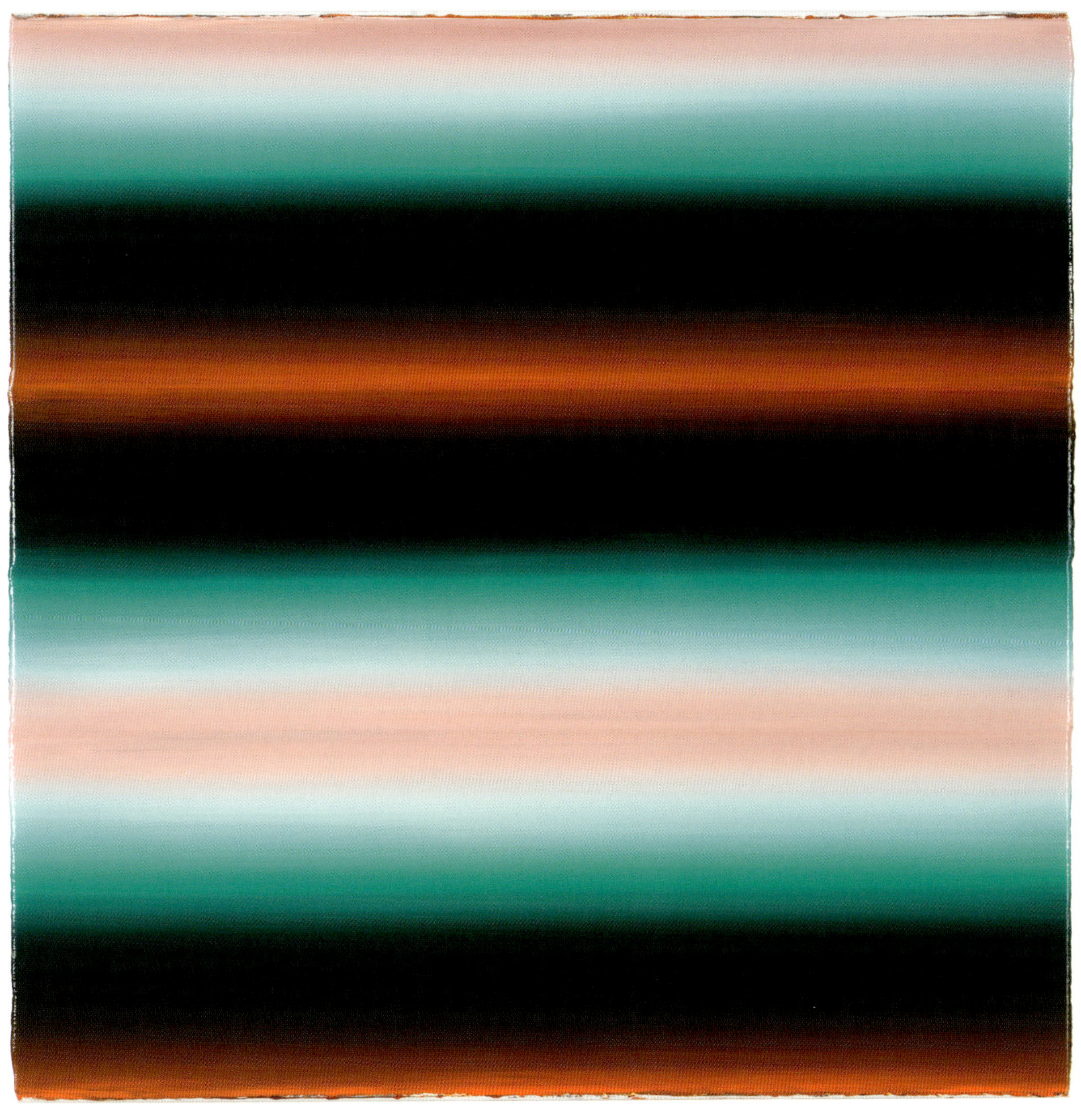

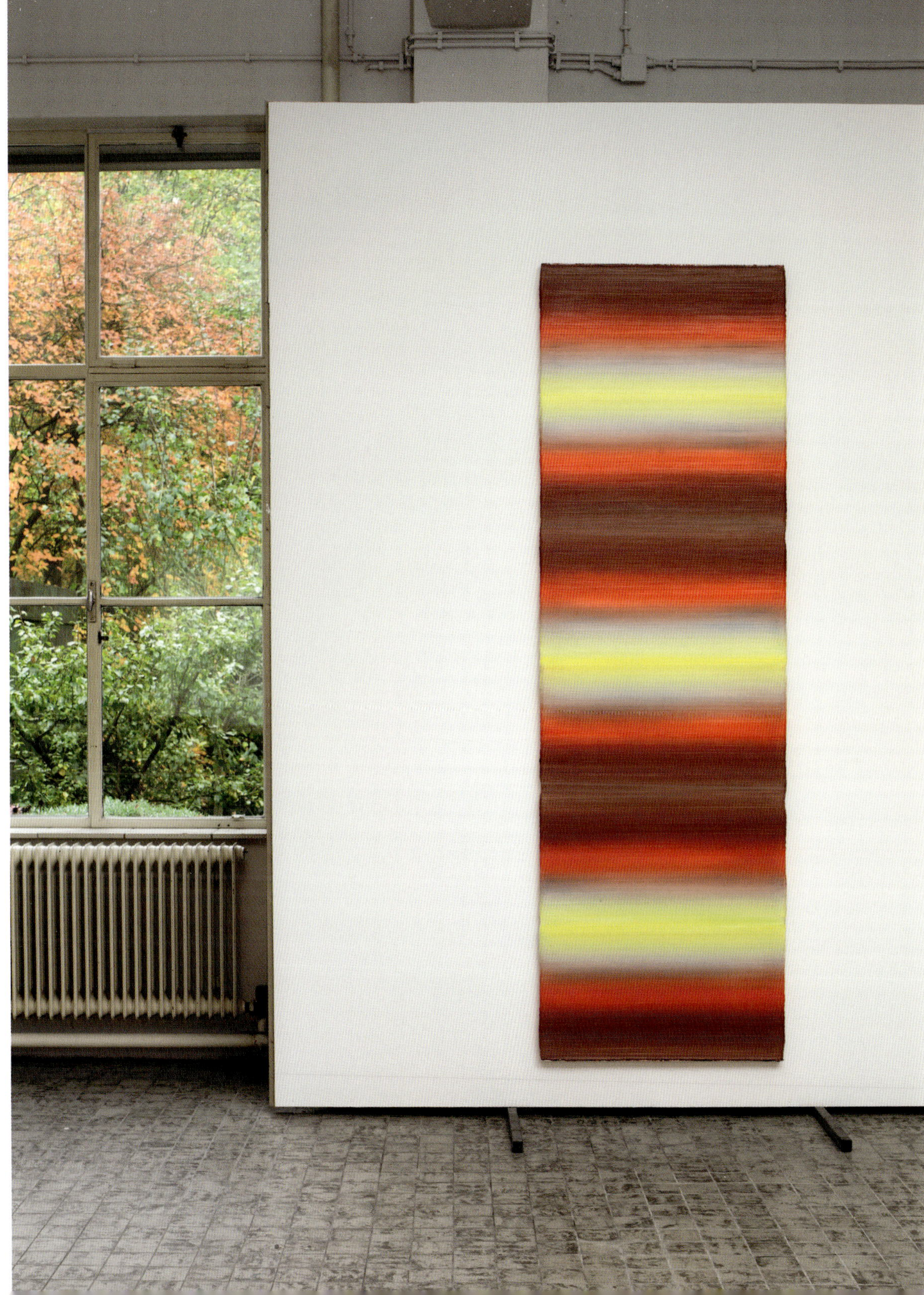

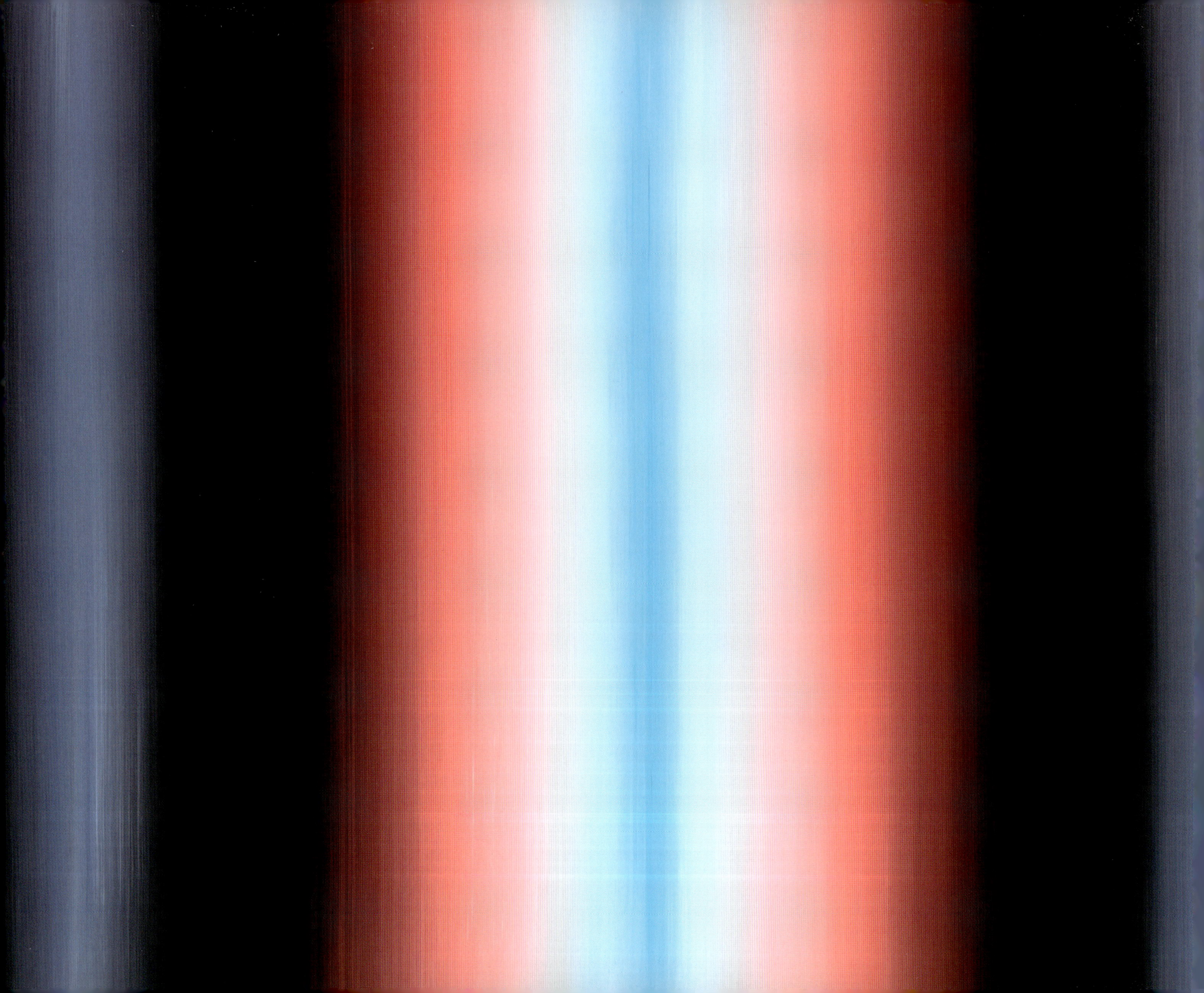

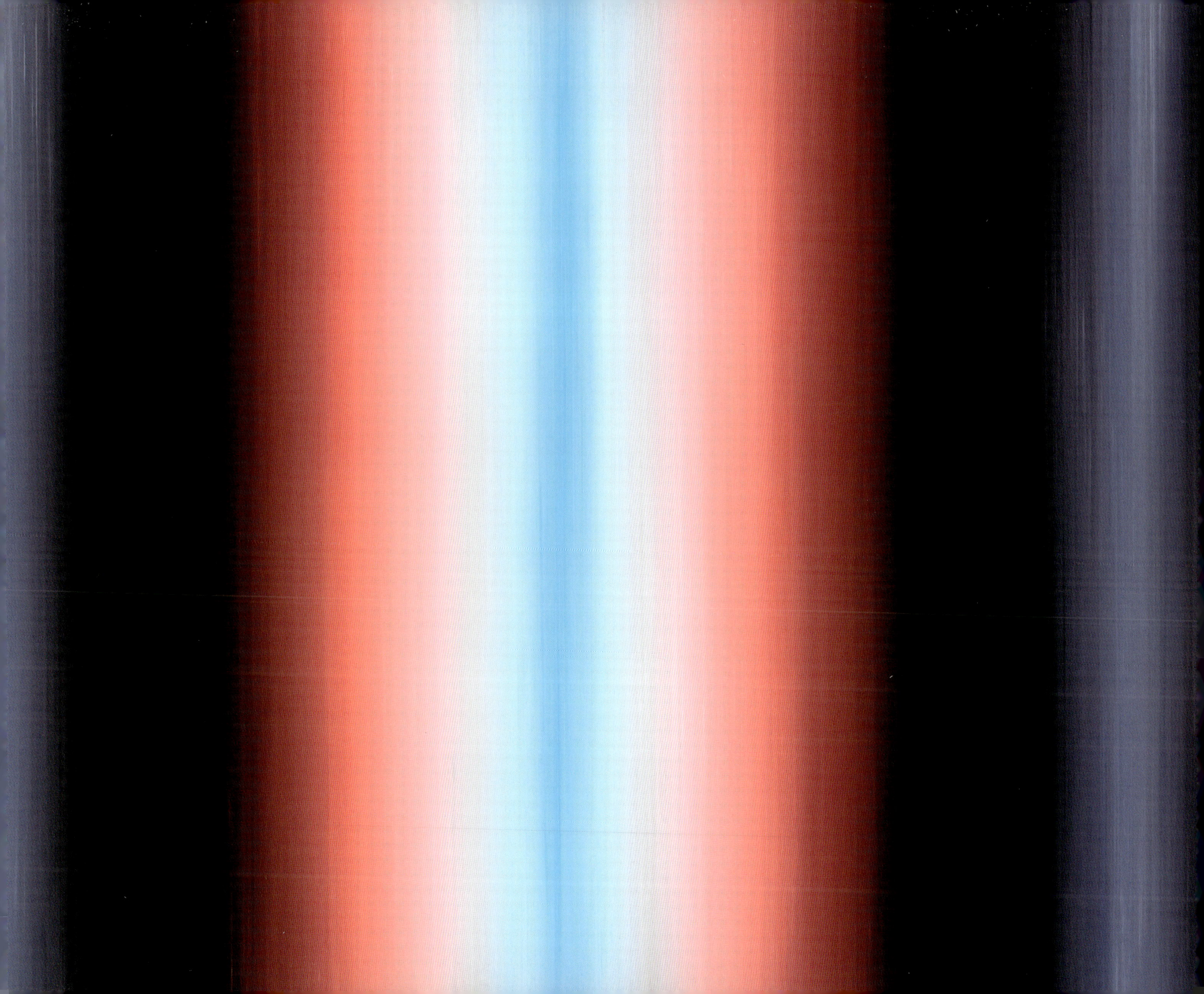

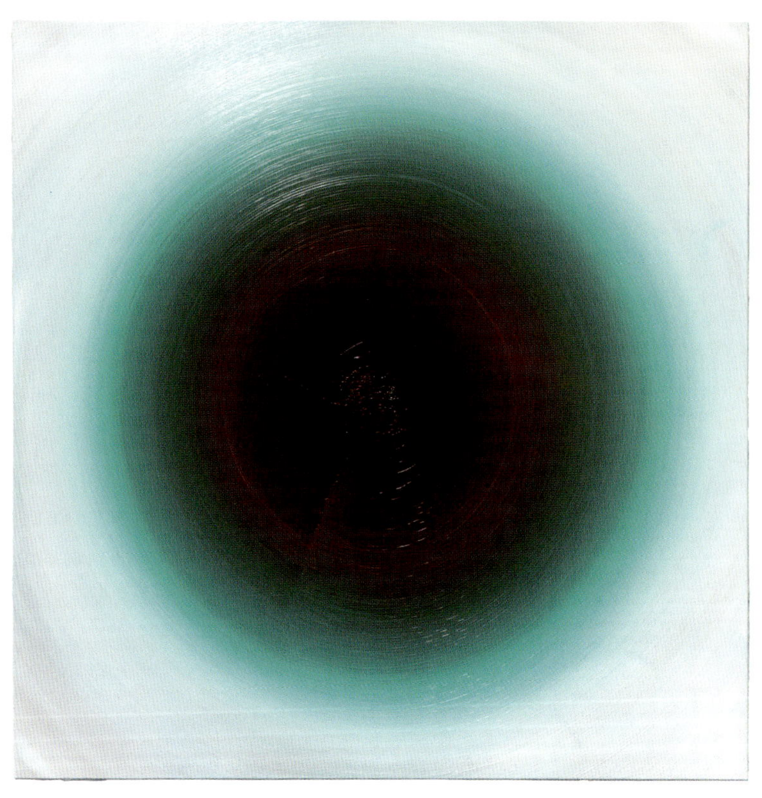 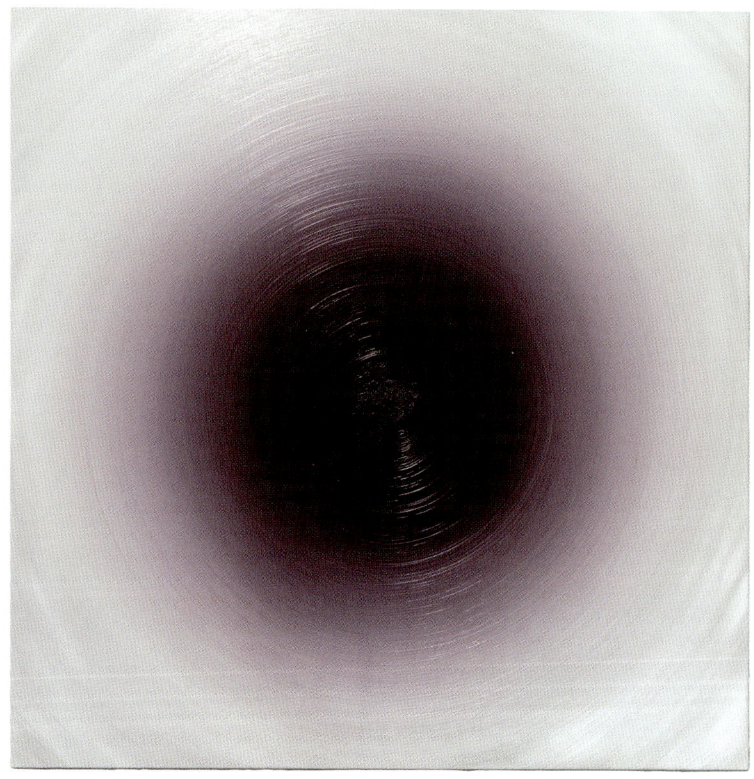

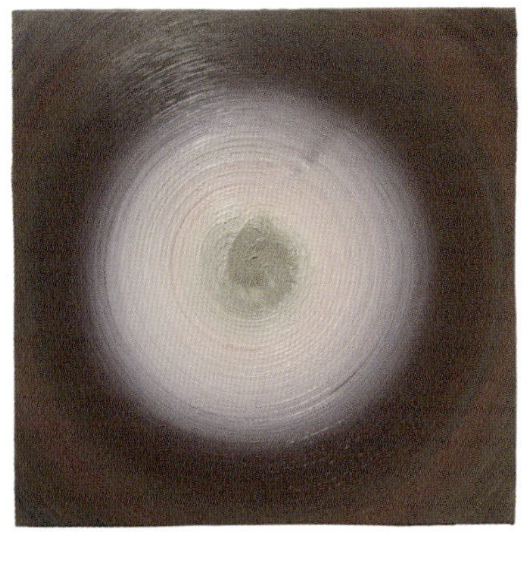 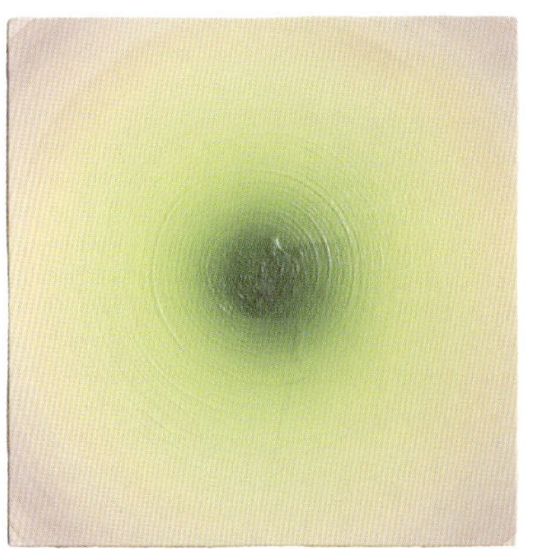

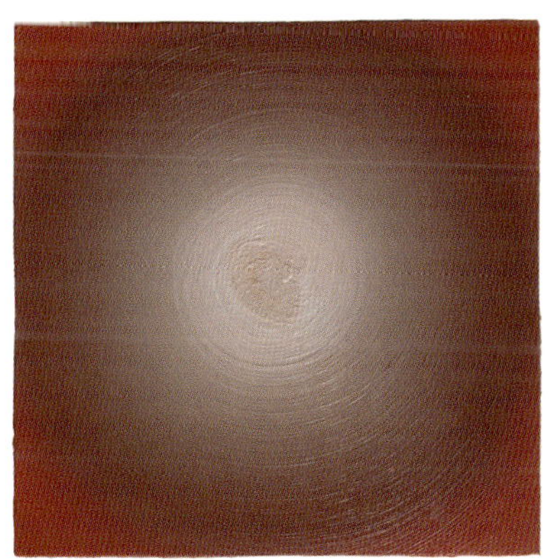 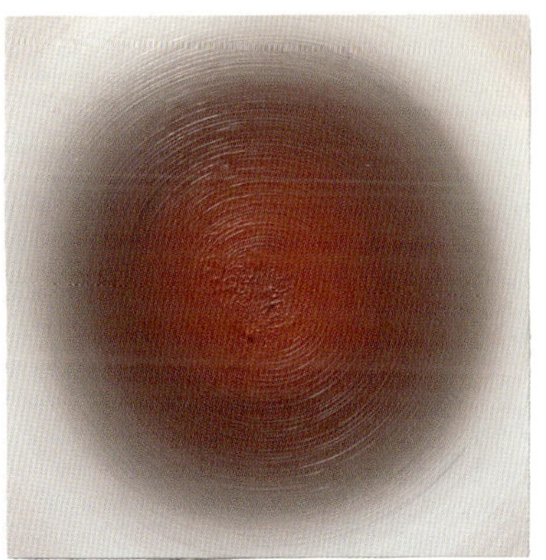

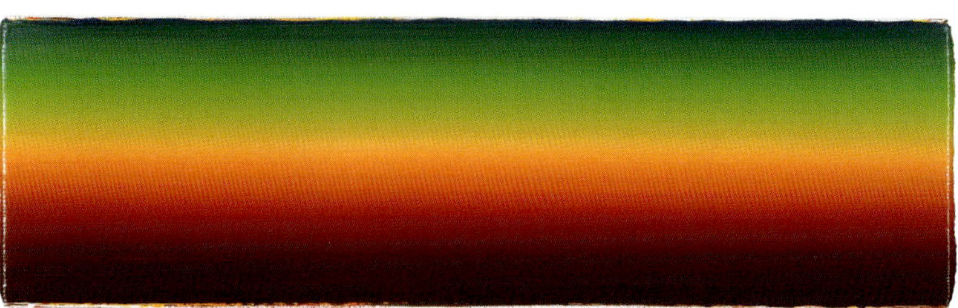

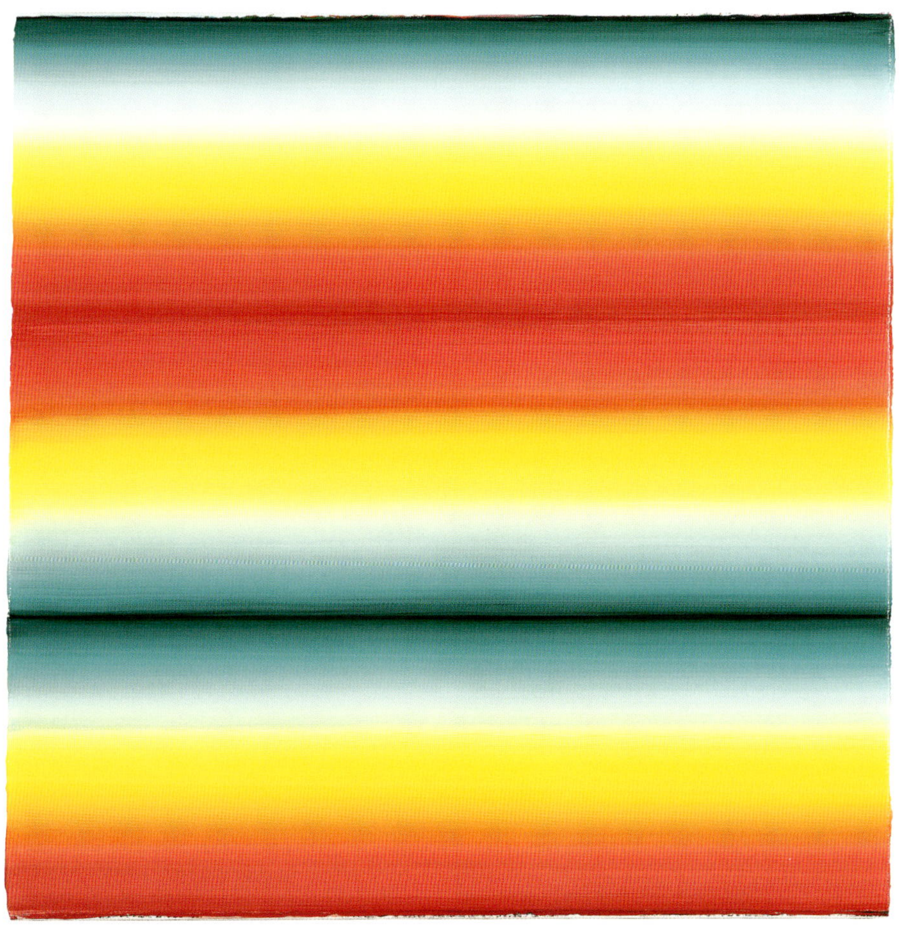

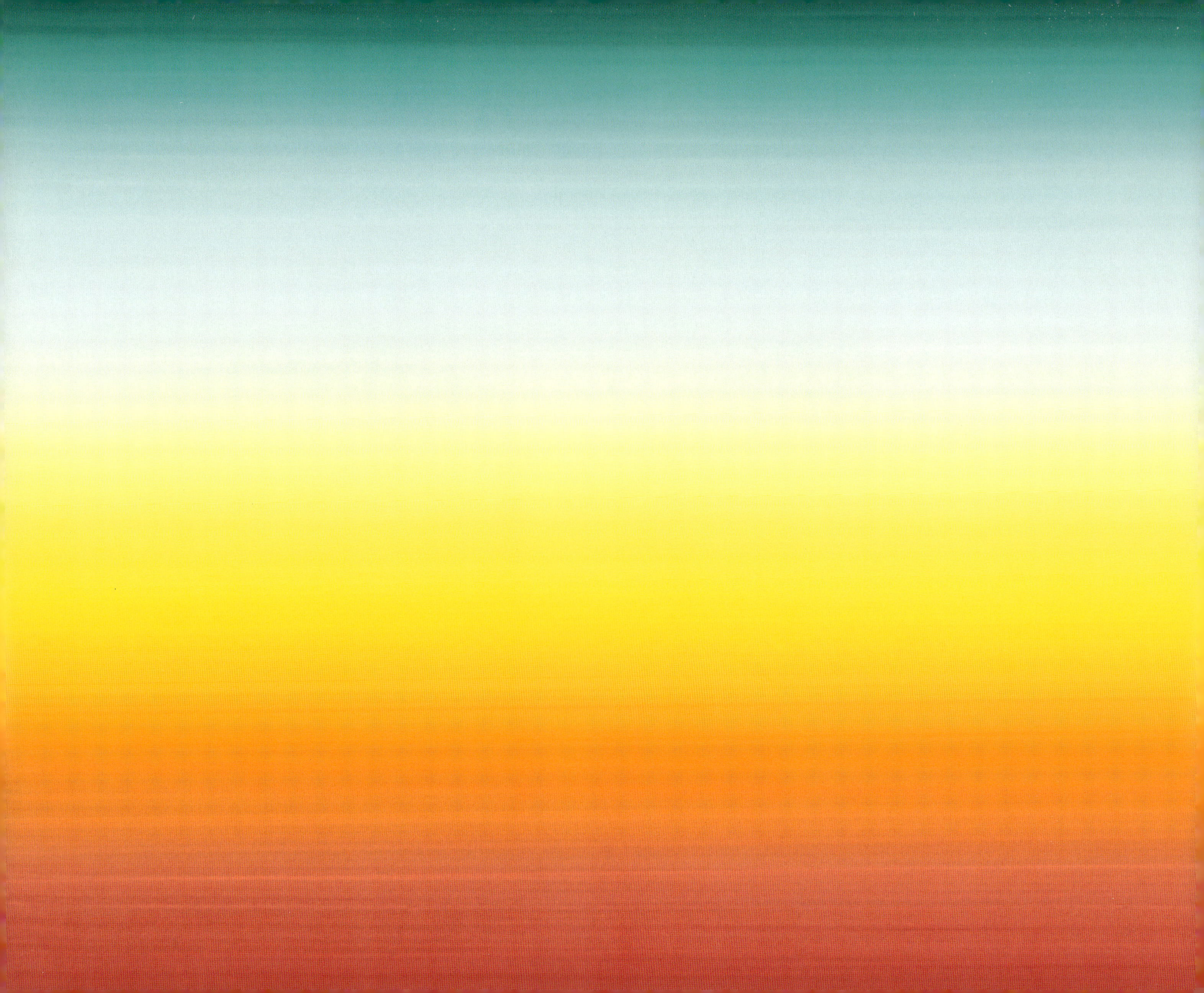

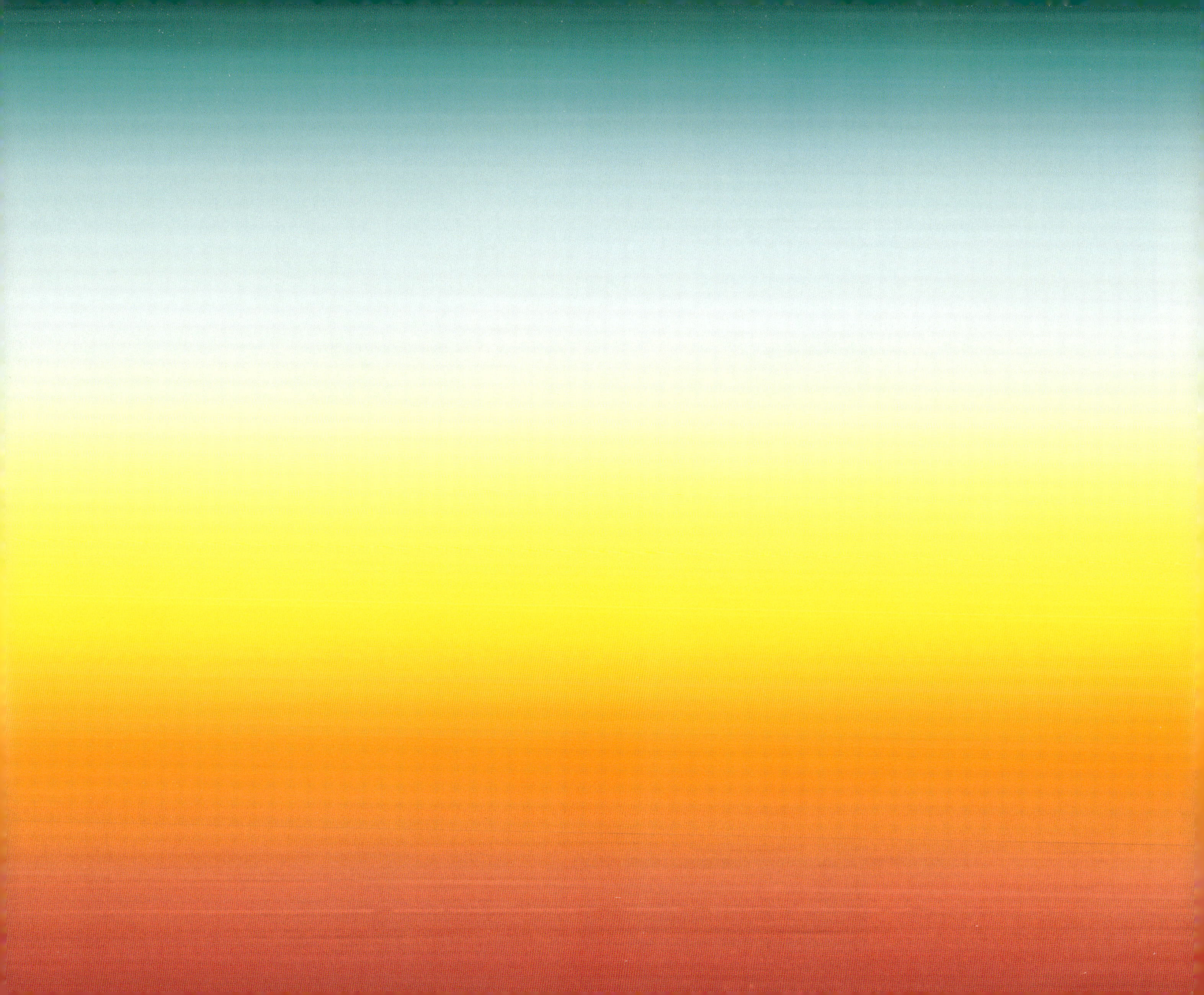

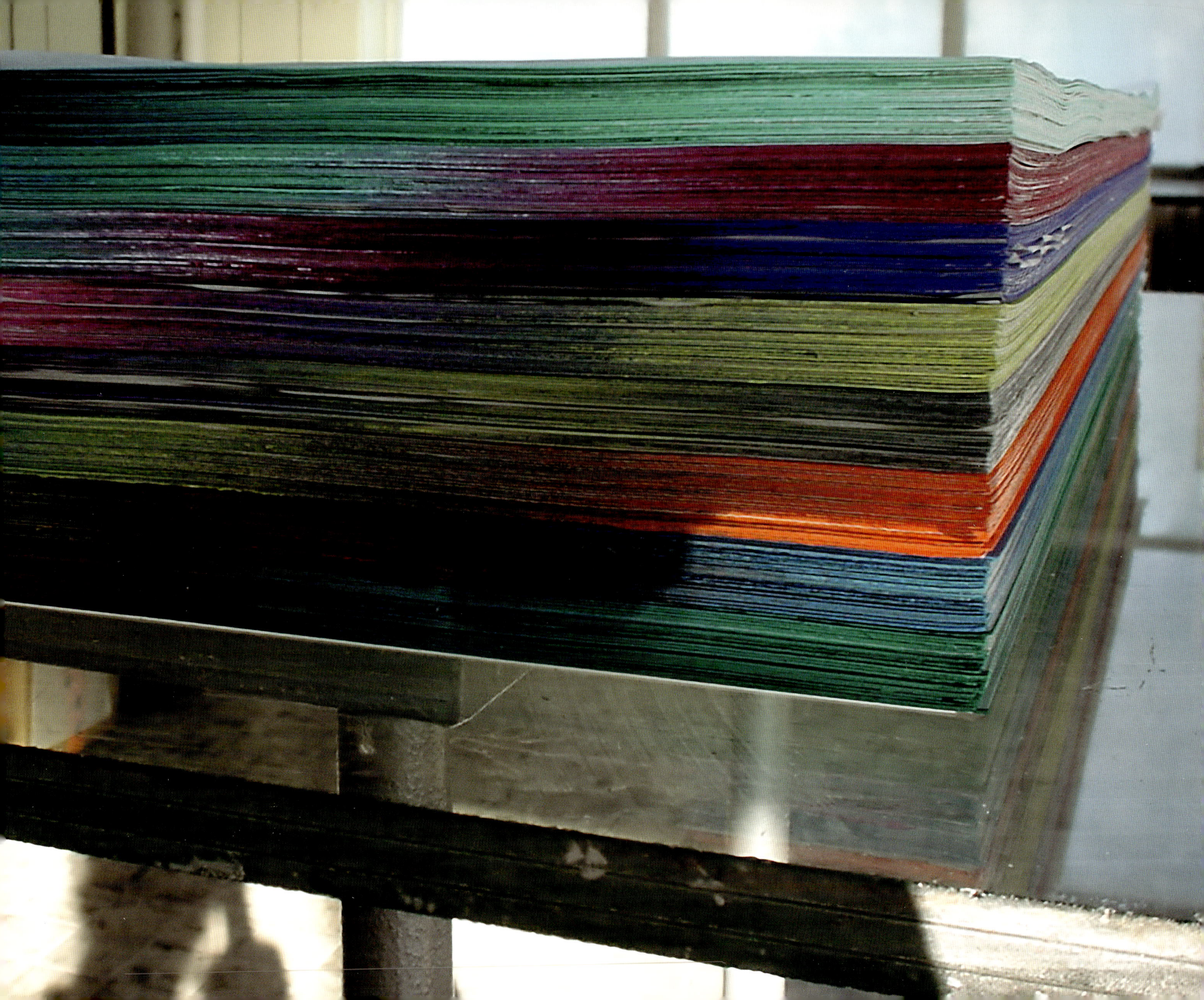

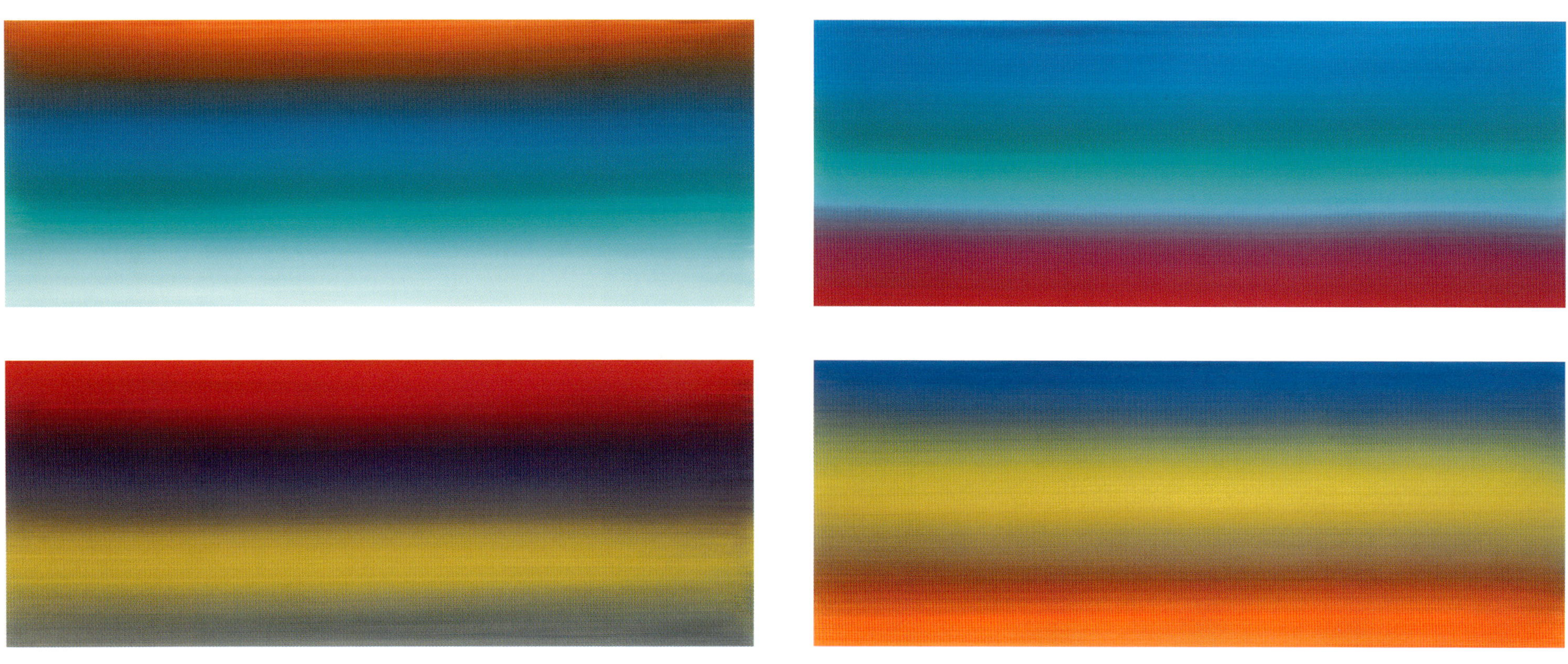

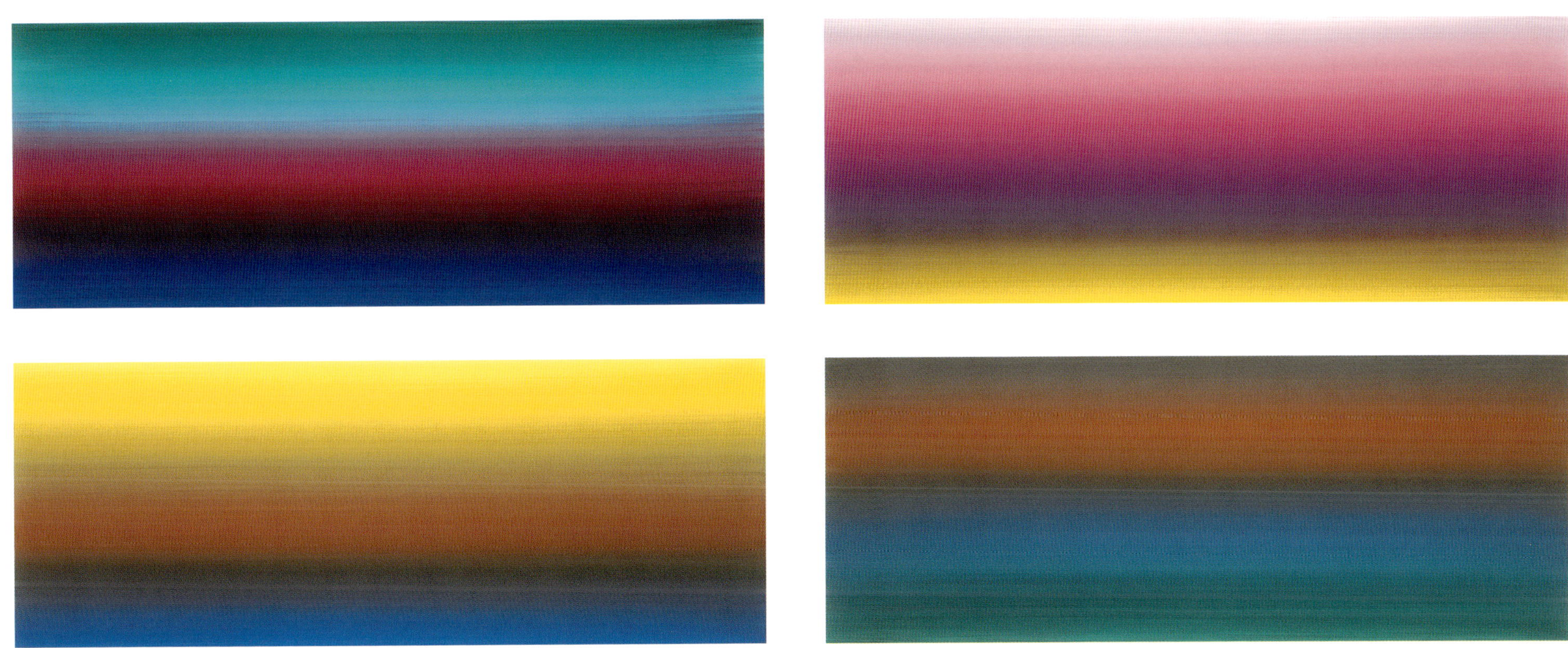

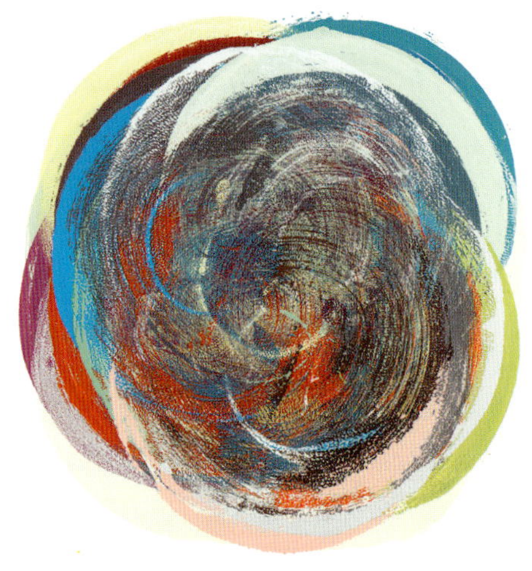 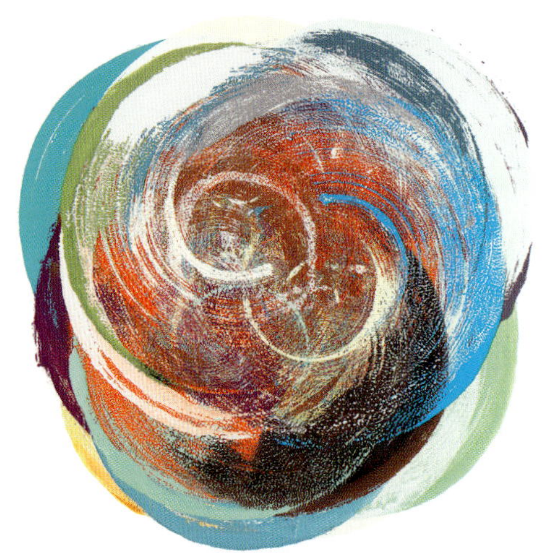

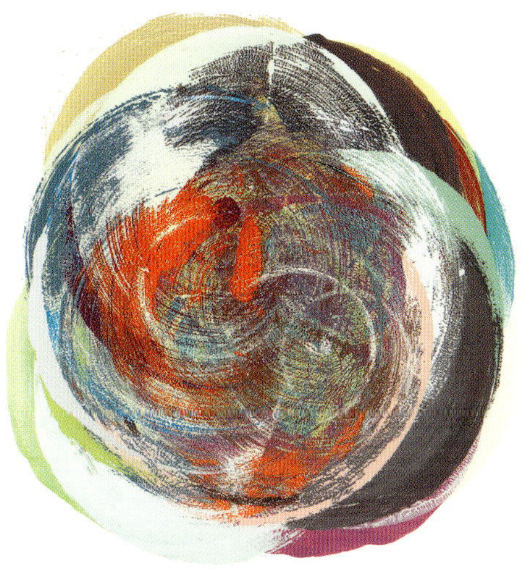

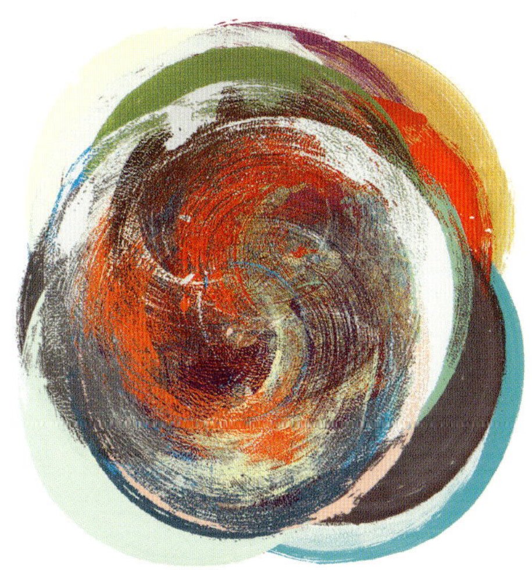

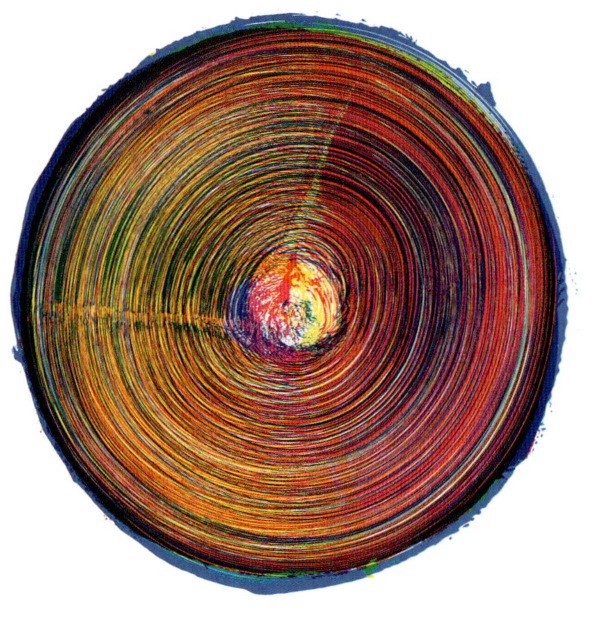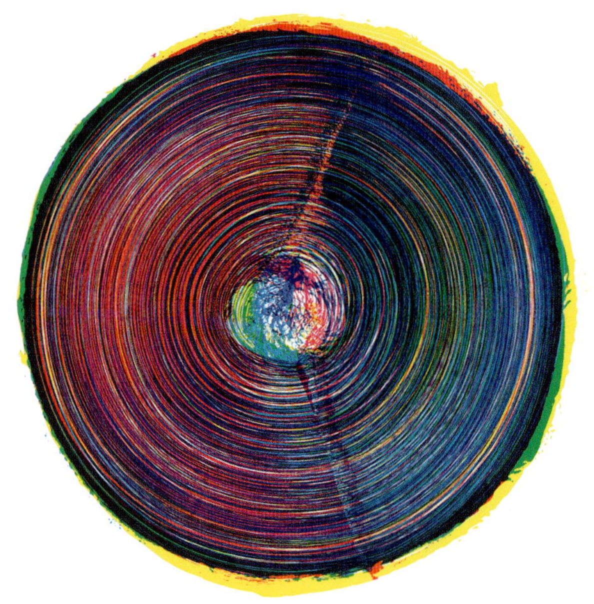

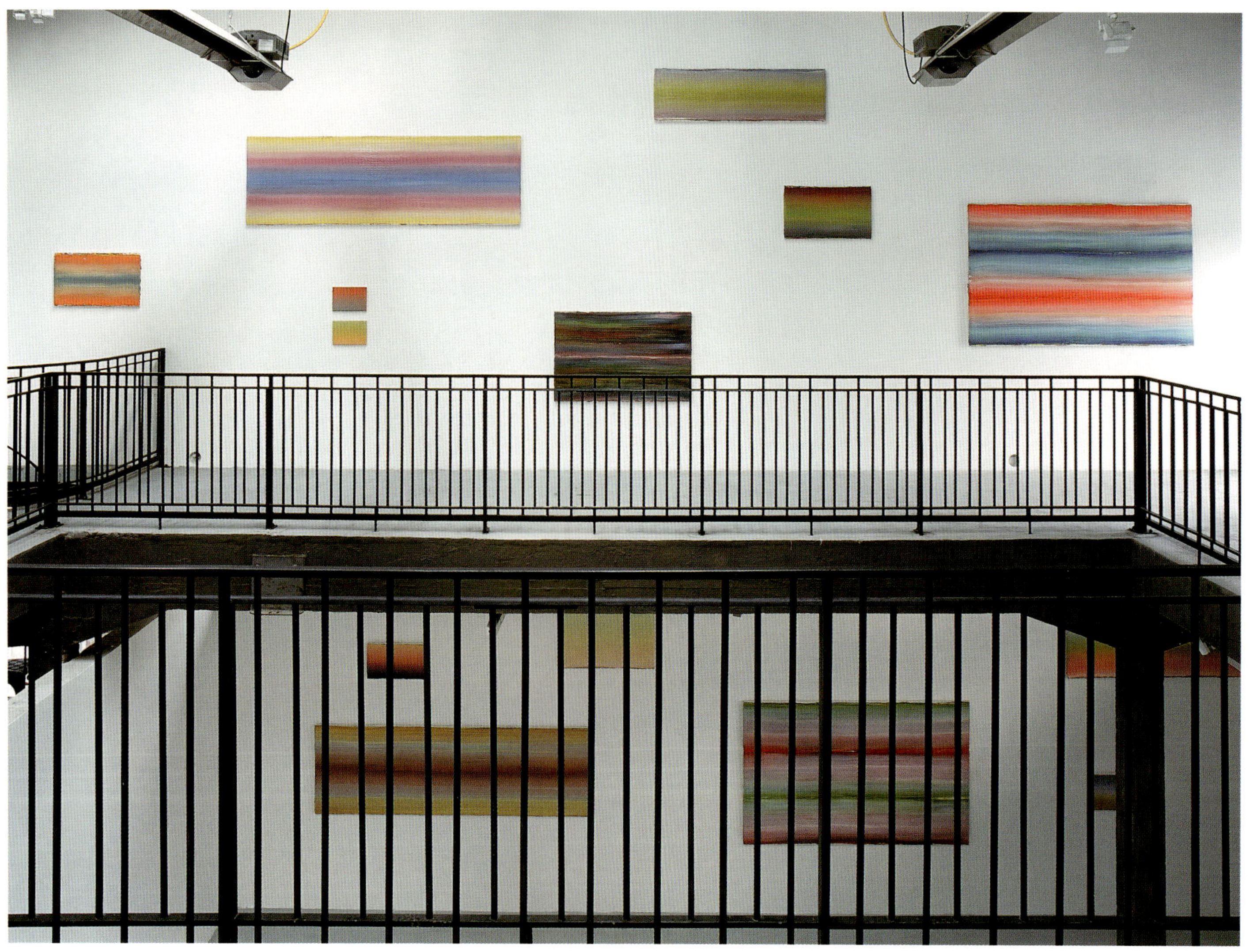

Schilderen over schilderen
Marc Donnadieu

Wat ik doe is wat me leert wat ik zoek.
Pierre Soulages

Wat kan ik zeggen over een oeuvre dat al twintig jaar zo stralend en helder is, en dat zichzelf onophoudelijk bevraagt? Ten eerste dat je van het werk van Marian Breedveld niets anders moet verwachten dan het werk zelf. En dat de schilderijen ieder voor zich niets, of maar heel weinig, vertellen over de maker ervan. Toch komen ze niet over als een raadsel; eerder als een reeks vragen die ze ons elk afzonderlijk stellen. Vragen als: Waarom ben je vandaag naar ons komen kijken? Wat zoek je hier? En wat heb je eigenlijk aan ons opgemerkt? Tegen deze bewering zou kunnen worden ingebracht dat het toch de kunstenaar zelf is die ons, door middel van zorgvuldig ingerichte tentoonstellingen, uitnodigt om haar werk te bekijken. Dat is waar, maar zodra onze blik blijft rusten op het oppervlak van een van haar doeken, worden we er zo onherroepelijk door geabsorbeerd en naar binnen gezogen dat ons aanvankelijke motief om een expositie te bezoeken volkomen in het niet valt. Wat blijft is alleen het effect van een schilderkunstig oeuvre waarin de perioden elkaar opvolgen of door elkaar heen lopen, vanaf de eerste Bonnard-achtige horizontale vignetteringen tot aan de meer recente bijna fluorescerende verticale contrasten.

We hebben hier dus te maken met een schilderkunst die over niets anders gaat dan over het schilderen zelf, en dat dan over de volle breedte van het vermogen van de schilderkunst om de haar omringende omgeving mee te laten resoneren en 'waarneembaar' te maken. En met waarneembaar doel ik op alle facetten van de waarneming. De zintuiglijke natuurlijk, het zien in de eerste plaats, maar niet uitsluitend. Het gezichtsvermogen is geen alleenheerser! De materialiteit van Breedvelds schilderijen is zeker zo belangrijk. De manier waarop ze zijn opgebouwd uit na elkaar aangebrachte verflagen – en daarom zou ik in dit verband van materieschilderkunst willen spreken – zet ons ertoe aan om de breedte van het schildergebaar te ontdekken: een lange, trage streek die tegelijk soepel en geladen is, krachtig en trefzeker, en waardoor een dik, gegroefd oppervlak ontstaat dat leidt tot een soort van mentale tastbaarheid, zó dat je bijna fysiek het contact aanvoelt tussen de verfstreken en het doek, het onregelmatige reliëf van de horizontale voren die ontstaan bij het uitstrijken van de verf, de oorzaak en het gevolg, de oorsprong en het doel. En dan is er de kleur, de kleuren. Het subtiele kleurenspel dat – terecht of ten onrechte – als het voornaamste kenmerk van Breedvelds werk wordt beschouwd. Die speciale magie van de opeenvolging van kleuren dus, nu eens over elkaar heen gezet, dan weer naast elkaar, geschakeerd of contrasterend, die elk schilderij zijn eigen, unieke sfeer en uitstraling geeft, zijn melodie en zijn timbre – hetzij licht of zwaar – die maken dat het tempo van haar werk wordt gemarkeerd door ritme en ruimte. En ten slotte creëert dit geheime verbond tussen materie en kleur iets van een geur en een smaak, nu eens zoet dan weer zuur, nu eens vluchtig dan weer bedwelmend.

Dit alles verleent haar schilderijen een sensualiteit die paradoxaal of op z'n minst verrassend is te noemen, een fysiekheid waaraan het genot nooit ontbreekt, zelfs al wordt het in twijfel getrokken. En nooit lijkt het lichaam van een schilderij zo'n rijke, intense en actieve verfhuid te hebben gehad, ook al lijkt die huid dan wel elastisch en gespannen, dan wel doorschijnend en bloedeloos, gekreukt en verfrommeld of doorboord en vol littekens. Dit valt des te meer op doordat de lichamen van haar schilderijen meestal hetzelfde formaat hebben als ons eigen lichaam. Horizontaal de spanwijdte van twee gestrekt armen, ofwel de uiterste breedte van één verfstreek. Verticaal de hoogte van onze blik die iemand 'van hoofd tot voeten' en 'van voeten tot hoofd' ontleedt en opnieuw samenstelt.

De werken van kleiner formaat wekken een gevoel van nabijheid, van oog voor detail, van organische aanwezigheid.

Sensorialiteit, sensualiteit en, uiteraard, sensatie. Elk van Breedvelds schilderijen is een bezinksel van verschillende sensaties. Zuivere sensaties in die zin dat iedere vorm van representatie, figuratie, beeld, motief of betekenis eraan ontbreekt. Voor zover er iets in te zien is, is het dat wat je er zelf in wilt zien; maar wat je eraan voelt en ervaart gaat het eigenlijke kader van het schilderij te buiten en te boven, omdat wat er gebeurt een eigen ruimte lijkt te creëren, een ruimte die voortdurend uitdijt, bijna een omgeving die ons, de toeschouwers, opgesloten houdt.

Resteert nog het licht. Het licht dat van de schilderijen zelf uitgaat, die subtiele en ontroerende luminescentie die eigen is aan de kleuren en die nog wordt geaccentueerd door de assonantie van hun toenadering of de dissonantie van hun confrontatie. En de vitaliteit, die bijna elektrische energie die haar oeuvre vandaag opwekt. Maar ook het licht van buiten, dat op de schilderijen valt zodat de reliëfs nog meer naar voren komen, de dikte van de verflagen wordt be-nadrukt en de transparantie of de ondoorzichtigheid ervan worden geaccentueerd.

Waarom zijn we vandaag naar het werk van Marian Breedveld komen kijken? Wat hebben we erin gezocht? En wat doen we met wat we erin hebben gevonden? ... Wij maken immers deel uit van de wereld en regelen de stappen van ons bestaan naar het verloop van de tijd. Hier en nu, in de schilderijen van Marian Breedveld, verloopt de tijd in een ritme en met een vitaliteit, een intensiteit en een energie waarnaar we ons onvermijdelijk moeten voegen. Wat geeft het dat we nooit zullen weten wat haar leidt of waar ze heen gaat? Dit andere, dit avontuurlijke onbekende dat zij ons wijst, en dat niets anders is dan het werk zelf waarmee ze ons confronteert, staat ons veel nader dan vele andere zaken uit de werkelijkheid. Want het contact met haar schilderijen appelleert aan het waarnemingsvermogen en, daarvoorbij, aan de tijd en ruimte die die waarnemingen voor ons openen, de stilten en de woorden, de ervaringen en de kennis, kortom, de zin en betekenis ervan.

Terwijl abstracte kunst een bepalende rol heeft gespeeld in de geschiedenis van de kunst in de twintigste eeuw, is het gangbare vertoog over abstractie nog steeds nogal rudimentair van aard. Abstractie wordt gewoonlijk tegenover figuratie gesteld. Een werk behoort tot de abstracte kunst wanneer het niet figuratief, niet narratief, of niet illusionistisch is. Abstractie wordt dus vooral via een negatieve logica gedefinieerd: het neemt afstand van, of ontkent, datgene wat kunst gewoonlijk is.

Deze negatieve logica speelt een overheersende rol in de manier waarop kunstenaars, critici en kunsthistorici de twee meest bekende manifestaties van abstractie in de kunst van de twintigste eeuw bespreken.

Op de eerste plaats gaat het om de betekenis die abstractie had voor de constructivistische vertegenwoordigers van de historische avant-garde, waarbij het vooral het werk van Mondriaan, Malevich en El Lissitzky betreft. Abstractie staat dan vooral voor purificatie. Het betreft een proces dat het beeld ledigt van concrete vormen opdat pure en essentiële vormen resteren. Men zou kunnen zeggen dat het abstraheren van vormen in 'Vorm' resulteert. Immers, de pure en essentiële vormen die het resultaat zijn van abstractie zijn ideëel van aard. Ze zouden tot een hogere, metafysische dimensie toegang geven.

Dit vooroorlogse, Europese model van abstractie is echter in de jaren vijftig en zestig van de twintigste eeuw opgevolgd door een voornamelijk Amerikaans model. Dit model is met name verwoord door critici als Clement Greenberg en Michael Fried en was van toepassing op de kunstenaarspraktijken van het abstract expressionisme. Zij hebben abstractie vooral uitgelegd als (in het geval van schilderkunst) een verkenning van de picturale ruimte van het platte vlak of (meer algemeen) als de constituerende elementen van een specifiek medium. Ook deze exclusieve aandacht voor datgene wat een medium definieert, is negatief van aard. Het gaat op de eerste plaats om een uitsluiting van die elementen die een medium gemeen hebben met andere media.

De kunsthistorica Briony Fer heeft echter laten zien dat er in de marge van deze twee dominante vertogen over abstractie nog een derde vertoog bestaat.[1] Georges Bataille schrijft in zijn essays voor het surrealistische tijdschrift *Documents* over het abstracte werk van Miró, Masson en Picasso alsof we hier toegang krijgen tot een modern onbewuste, een donkere ruimte die bepaald wordt door trauma, verlies en castratie. Dus ook hier betreft het een visie op abstractie die volgens een negatieve logica tot stand komt. Bataille's surrealistische vertoog verschilt echter van de meer dominante doordat het abstractie belicht vanuit thema's en concepten die uit de psychoanalyse komen. Dit impliceert dat abstractie hiermee niet langer vanuit een metafysisch kader begrepen wordt, zoals bij de constructivistische poot van de historische avant-garde, of binnen een medium-gericht kader, zoals door Greenberg en Fried gedaan wordt, maar in termen van subjectiviteit en het (on)bewuste.

Op het eerste gezicht lijkt dit surrealistische vertoog over abstractie mee te spelen in een vierde vertoog, namelijk het populaire vertoog over de naoorlogse abstractie. Dat populaire vertoog ziet het abstracte van abstract expressionisme vooral als de meest pure of intense uiting van een vorm van expressie. De kunstenaar drukt zich niet meer via de omweg van representatie uit; expressie is tot zijn essentie teruggebracht, namelijk een intensiteit die zich als een abstracte 'kracht' doet gelden. Maar de overeenkomst tussen het populaire vertoog over naoorlogse abstractie en het surrealistische vertoog is bedrieglijk. Terwijl het surrealisme juist een kritiek behelst op het denken in termen van het individuele subject, bestaat het populaire vertoog over abstractie juist uit een terugkeer naar, of een voortzetting van een romantische visie op kunst en kunstenaarschap in termen van de individuele expressie van de kunstenaar. Het populaire vertoog over abstractie staat wat dat betreft haaks op de drie kritische vertogen die ik tot zover onderscheiden heb. Immers, hoe verschillend die drie vertogen ook zijn, het puristische model van de Europese avant-garde, het medium-gerichte model van de Amerikaanse naoorlogse critici, en het surrealistische vertoog in termen van een modern onbewuste, ze proberen elk alternatieven te presenteren voor het denken over kunst in termen van individuele expressie.

Dit gemeenschappelijk element maakt de drie kritische vertogen over abstracte kunst (in tegenstelling tot het populaire) belangwekkend. Datgene wat ze echter ook gemeen hebben met elkaar is een definitie van abstractie op basis van negativiteit. Het is precies dit aspect waar de filosofen Gilles Deleuze en Félix Guattari zich tegen keren in hun poging om de functie van abstractie en daarmee ook van abstracte kunst opnieuw te definiëren. In hun *Mille Plateaux* uit 1980 en in hun eveneens gezamenlijk geschreven *Qu'est-ce que la philosophie?* uit 1991 ontwikkelen zij een visie op abstractie die niet op een negatieve, maar op een positieve logica berust. Abstractie wordt niet langer in tegenstelling tot figuratie gezien. Ook heeft het niets meer met trauma of castratie te maken. Abstractie is geen handeling of proces dat concrete vormen afzweert; abstractie gaat juist aan vorm *vooraf*. In die zin is abstractie concreter dan figuratie.

Naar aanleiding van het werk van Jackson Pollock stellen zij bijvoorbeeld dat zijn werk draait om het probleem iets uit te drukken dat mogelijkerwijs niet figuratief kan zijn. Abstractie is doordrongen van het besef dat er een wereld van mogelijkheden is *buiten* de bestaande vormen. In abstractie worden nieuwe, mogelijke vormen aangekondigd. De uiterste consequentie van deze gedachtegang is dat alle kunst abstract is. Figuratie is dan het resultaat van bepaalde vormen van abstractie, in plaats van de voorwaarde ervoor.[2]

Deze visie op abstractie brengt een heel ander type vragen met zich mee. Het gaat niet langer om vragen als 'hoe kunnen essentiële vormen afgeleid worden van concrete, bestaande vormen?', maar om vragen in de trant van 'onder welke voorwaarden kunnen nieuwe, singuliere vormen geproduceerd worden buiten de vormen die al bestaan?'[3] Deze vraag zou volgens Deleuze en Guattari dan ook de centrale vraag van het modernisme zijn. Modernistische kunstenaars en schrijvers worstelen met de vraag hoe men krachten en mogelijkheden kan schilderen of schrijven die zich (nog) buiten de al bestaande vormen ophouden.

Vanuit deze gedachtegang zijn ook de teksten van schrijvers als Kafka, Joyce en Beckett voorbeelden van abstracte kunst. In de woorden van Rajchman:

'Thus, in the "minority" of Kafka, the "chaosmos" of Joyce, the "épuisements" of Beckett, he (Deleuze) identifies an abstraction quite different from the self-purifying kind – that of those "abstract machines" that push art forms beyond and beside themselves, causing their very languages, as though possessed with the force of other things, to start stuttering "and…and…and…". He connects this stuttering abstract "and" not with dying or heroic self-extinction, but with a strange an-organic vitality able to see in 'dead' moments other new ways of proceeding. And *this* sort of vitality, this sort of abstraction, he thinks, is something of which we may *still* be capable, something still with us and before us.'[4]

Met dit 'stotteren' verwijst Rajchman naar het moment, in de redenering van Deleuze en Guattari, waarop taal 'nog niet is'. Het uit elkaar vallen van taal, of het tekortschieten ervan, is niet een effect achteraf, maar het wijst op een nog-niet mogelijke taal.

In zijn *Logique de la sensation* bespreekt Deleuze ook de films van Jean-Luc Godard als voorbeelden van abstracte kunst. Godards films zijn voor Deleuze niet abstract omdat de samenhang niet langer in de conventionele zin narratief is en in plaats daarvan in hoge mate zelfreferentieel. Ze zijn abstract omdat ze bestaan uit de meest uiteenlopende elementen, uit allerlei vertogen, uit heden en verleden, en die zijn zo gemengd dat er een non-narratieve continuïteit ontstaat. Deze abstractie is dus niet het resultaat van het afzweren van narrativiteit, maar van de poging 'to attain an "outside" of other odd connections through a free abstract AND, which takes over the movement of the film'.[5]

Vanuit de gedachtegang van de klassieke kritische vertogen over abstractie is het monochrome schilderij, of nog extremer het lege doek, het ultieme voorbeeld van abstractie. Als resultaat van purificatie is het een absoluut eindpunt; om Beckett te citeren een 'end-game'. Maar voor Deleuze en Guattari is het monochrome of maagdelijke doek geen manifestatie van uiterste reductie; het is niet zozeer 'leeg' maar 'intens'. En intens betekent dan dat het vol is van een ongehoorde en ongeziene potentie van ongekende mogelijkheden. Om deze mogelijkheden te kunnen zien moet schilderkunst blind zijn. Dat wil zeggen, blind voor de vormen die reeds bestaan en erkend zijn. En dit maakt precies de paradox van abstracte schilder-kunst uit. In een abstract schilderij ervaren we de grenzen van het visuele, ofwel de blindheid van schilderkunst. Dat wat vorm gekregen heeft, zijn onzichtbare, abstracte, nog niet eerder gearticuleerde krachten en mogelijkheden.

Hoe productief is deze visie op abstractie bij het werk van Marian Breedveld? Wat drijft de vorm van abstractie die haar werk kenmerkt? Haar werk vanaf eind jaren negentig wordt op de eerste plaats gekenmerkt door de herhaalde, horizontale verfstreek. De substantie van het schilderij is het gevolg van het feit dat dit zelfde gebaar consequent herhaald wordt. Deze herhaalde beweging brengt laag over laag aan, kleur over kleur. Nu staat in de eerdere abstracte kunst, met name die van een abstract expressionist als Willem de Kooning, de zichtbare verfstreek en het gebaar dat deze veroorzaakt, gewoonlijk voor de hand van de kunstenaar. Met de zichtbaarheid van dit gebaar zou de kunstenaar zichzelf in het schilderij aanwezig stellen of uitdrukken. De zichtbare verfstreek is in die zin automatisch verbonden met expressionisme. Dit gaat echter voor Breedvelds horizontale verfstreek totaal niet op. Zij is op een gegeven moment horizontale banen gaan schilderen om daarmee de vorm die een kwaststreek beschrijft te minimaliseren. Met deze systematische benadering opent zij de ruimte die opgeroepen wordt met de verfstreek. Deze houding is eerder conceptueel dan expressionistisch. Immers volgens de clichés laat individuele expressie zich niet aan banden leggen door dit soort willekeurige beperkingen. Het idee van vrijheid van expressie wordt nadrukkelijk tegengewerkt; in plaats daarvan zien we een gebaar dat eerder als procesmatig en ritualistisch gezien moet worden. Juist door de herhaling van hetzelfde gebaar, in dit geval een horizontale verfstreek, ontwikkelt haar werk zich.

De horizontaliteit van de verfstreek is als zodanig niet van belang. Ook al roept de horizontale beweging specifieke associaties op, zoals die van het landschappelijke, de horizon, belangrijker is dat de verfstreek elementair is, dat wil zeggen als verfstreek gezien wordt. In de woorden van Breedveld: 'Ik wil de verfstreek zo veel mogelijk als een verfstreek laten zien.'[6] Deze fundamentele benadering van het schilderij is onontkoombaar wanneer we haar horizontale werken vergelijken met haar vroegere werk dat ze begin jaren negentig maakte. Die werken waren het resultaat van een verfstreek die een cirkelbeweging maakte. Net als de horizontale beweging heeft de cirkelbeweging in zichzelf geen enkele betekenis. 'Je kan hem gedachteloos maken en herhalen.' Wat voor beweging dan ook Breedveld met de verfkwast maakt, het schilderij dat daaruit resulteert, is nadrukkelijk het resultaat van een proces, van een herhaalde beweging, kortom van verfstreken:

'Het lijkt op een meditatieve bezigheid: in de concentratie van je denken wordt dan het scherm met beelden dat je met je meedraagt, leeggemaakt. Zo ontstaat er ruimte om ervaringen samen te vatten, te comprimeren tot iets dat tastbaar wordt. Als ik aan een schilderij werk bijvoorbeeld, dan ben ik volledig gedachteloos, net als wanneer ik mij in een landschap bevind. Dan ben ik met het materiaal, waar ik mij krachtig doorheen werk. Dit zijn gedachteloze momenten, zonder illusies, een louter rondgaan van een punt ergens in de ruimte naar een voorlopig einde.'[7]

Terwijl het onderwerp van Breedvelds schilderkundige project nadrukkelijk uit de basiselementen van het schilderij bestaat – de verfstreek, de materialiteit van verf, de kleur van verf – is het resultaat verre van formalistisch te noemen. Zelf zegt Breedveld hierover het volgende: 'Ik heb een fundamentele benadering van het schilderij. Maar het resultaat overstijgt dit, de fundamentele benadering is slechts beginpunt.'[8] Vanuit de standaardvisie op abstractie is het uiterst paradoxaal dat haar latere werk steeds weer landschappelijke associaties oproept. Dat komt onder meer door het horizontale formaat van haar schilderijen, door de herhaalde horizontale verf-streek, maar ook door de rol die licht in combinatie met het horizontale karakter van het werk speelt. Zo ontstaan suggesties van vertes die bestaan uit een interactie tussen licht en water, licht en wolken, licht en materie. De ruimte van het schilderij roept dus hier in weerwil van wat critici als Greenberg en Fried als toekomst voor de schilderkunst bepleit hebben, een illusie van ruimtelijkheid op. De platheid van het schilderij wordt in extreme mate ontkend. Vanuit formeel opzicht komt dit door de nadrukkelijke gelaagdheid van het werk. Maar het effect hiervan op de kijker is dat hij niet precies kan bepalen waar het oppervlak van het schilderij zich bevindt. Er ontstaat een dimensie van ruimtelijkheid *in* of *achter* het schilderij, waardoor het moeilijk is om het oog scherp te stellen. De ruimte wijkt zowel naar achteren als naar voren. De blik blijft daardoor ongefocused, zoals ook gebeurt wanneer we naar een object kijken dat in mist gehuld is.

Toch betekent deze suggestie van landschappelijkheid niet dat we met deze vorm van abstractie teruggekeerd zijn naar het illusionisme van realistische kunst. Allereerst, omdat we hier niet met een representatie van landschap te maken hebben, maar met het *veroorzaken* van een kwaliteit die landschappelijke kenmerken heeft. Maar behalve dat wordt de blik aan de randen van het schilderij weer geconfronteerd met het feit dat het om een effect gaat, tot stand gebracht door het herhaald aanbrengen van verschillende kleuren verf over elkaar. We belanden daar weer in de materie van het schilderij, niet langer in die van een landschap. Breedveld:

'Je zou in mijn huidige schilderijen een landschap kunnen zien, vliezige horizonten, maar er is aan de randen toch weer het oppervlak, alleen maar oppervlak, waar je voelt dat je aanwezig bent. Ik wil niet dat je als toeschouwer, als innerlijk en tastend organisme, helemaal verdwijnt in de illusie van een voorstelling. Daar aan de rand van het schilderij herroep ik met kracht de mogelijkheid, dat de illusie het zou kunnen winnen van de concrete aanwezigheid, van de concrete handeling. Maar de zins-begoocheling van een fascinerende kracht, waarvan mensen zich heel bewust zijn in hun kleding en opmaak, maar die je ook bijvoorbeeld bij vogels ziet in hun verleidingsdansen. Het is een kracht, die veel mogelijkheden heeft om aandacht voor een schilderij op te eisen.'[9]

Terwijl in het realisme de illusie ontstaat door de materialiteit van het schilderij te ontkennen, door de verf waarvan het gebruikmaakt te ontstijgen, is het landschappelijke in Breedvelds werk volledig in de materialiteit van verf en kleur verankerd.

De landschappelijkheid van Breedvelds werk laat goed zien dat de eerder besproken kritische vertogen over abstractie alle tekortschieten. De negatieve logica daarvan loopt bij dit werk volledig spaak. Hier is het afzweren van illusionisme niet de weg die afgelegd moet worden om het project van abstractie te verwezenlijken. Illusionisme is juist een mogelijkheid die door abstractie geopend wordt.

De vorm van abstractie die in het werk van Breedveld gestalte krijgt, is ook nadrukkelijk geen analyse van of toegang tot een bestaande dan wel metafysische werkelijkheid. Haar werk wil zelf als een concrete werkelijkheid ervaren worden: 'Het schilderij is, wanneer het af is, een plek waarmee ik mij verbonden weet. [...] Dit is een plek van handeling, verplaatsbaar maar niet vervangbaar, een doorleefde wereld, ontdaan van gekunstelde ingrepen die niets met de wereld te maken hebben. Wat er is, moest er zijn.'[10] Het illusionisme dat in het verschiet van haar werken ontstaat, is daarom geen beweging van het werk weg, maar is totaal gebaseerd op dat werk in haar aanwezigheid. Het betekent een herkenning en erkenning van die aanwezigheid.

Staand voor een schilderij van Breedveld is het meteen duidelijk dat haar werk niet op de ezel gemaakt is, maar plat op een ondergrond. De twee zijkanten van haar schilderijen laten dat duidelijk zien. De verf heeft evident gewicht en het gewicht ervan doet de verf hangen en naar de grond toe buigen. Op het moment dat het schilderij opgehangen wordt, wijzen de gerafelde randen van het schilderij dus naar de muur. Dit kenmerk van Breedvelds werk is meer dan een simpel formeel gegeven. Het is een principiële stap waarmee Breedveld afstand neemt van een lange traditie in de Westerse schilderkunst waarin de positie van de kunstenaar ten opzichte van het doek op de ezel model staat voor het visuele project dat in het schilderij gerealiseerd wordt. De kunstenaar (en toeschouwer) wordt daarbij gereduceerd tot oog, en het schilderij tot de visuele horizon van dat oog. Op het moment dat schilderkunst aldus geconceptualiseerd wordt, zijn figuratie, een illusionistische relatie tot de werkelijkheid en afstand daartoe door middel van perspectivis-me, het haast automatische resultaat.

Net als Jackson Pollock plaatst Breedveld het doek niet als visuele horizon voor zich, maar als een materiële, tactiele grond onder zich. Daarmee is de basis, in de zin van uitgangspositie, van het schilderkundige project van fundamenteel andere aard. Allereerst is de kunstenaar niet langer gereduceerd tot oog. De andere, in wezen lastige positionering ten opzichte van het doek, activeert andere zintuigen. Immers, het fysieke gewicht en daarmee de materialiteit van de verf gaan een cruciale rol spelen. Daarnaast gaat de frontale perceptie van het doek niet langer samen op met een uitzicht op een visuele horizon *in* of *op* het doek. De visuele horizon heeft plaats gemaakt voor het schilderij als grond. En 'grond' moet hier zowel in de betekenis van de positie van het schilderij ten opzichte van de kunstenaar begrepen worden, als van basis of uitgangspunt van een schilderkundig project. Deze basis definieert het schilderij niet langer als louter visueel, maar als tactiele, of liever, multi-zintuiglijke materie. Daarom is de grond niet slechts een visuele maar ook een tactiele grond geworden.

Het feit dat schilderijen materieel zijn, dat wil zeggen uit verf bestaan, is in Breedvelds schilderijen in de meest letterlijke zin dik aangezet. Verf is niet langer een *middel* tot illusionisme waar de aandacht van de kijker niet op gevestigd hoeft te worden. Verf als

materie is onderwerp van het schilderij geworden. Dit is één van
de betekenissen van de dikte, de gelaagdheid van het werk. De vele
lagen verf over elkaar creëren geen beeld in de zin van representatie,
maar substantie. Het is de materiële substantie van de verf die tot
zintuiglijke sensatie voert. De gelaagdheid van die substantie is
daartoe onontbeerlijk:

'Waar het mij om gaat, is wat er aan het oppervlak gebeurt als gevolg
van wat eronder zit: de verf, de sporen van bewegingen, de kleuren, de
vermengingen, alles heeft contact met het oppervlak. Het is voelbaar,
kijkend naar het schilderij, dat onder het oppervlak iets anders zit. Ik
schilder net zo lang door tot er een doorleefd schilderij staat, net zo lang
tot ik al de lagen in mijn greep heb. Alles wat onder het oppervlak zit,
wordt gekoesterd en is opgenomen in het uiteindelijke beeld dat te zien is
en aan de wand hangt. [...] Het is misschien vreemd over de hoeveelheid
verf te spreken, maar het is wel van belang voor het uiteindelijke
resultaat. Ik weet dat er een moment is tijdens het schilderen, waarop
er een maximale spanning is ontstaan tussen de hoeveelheid verf en het
oppervlak. Dan wordt de diepte voelbaar, de ruimtelijkheid en dan wordt
de zinnelijkheid van de materie tastbaar. Deze omslag van het oppervlak
naar diepte en de uitgestrektheid is in eerste instantie een fysieke
ervaring. In tweede instantie volgt de emotionele verbondenheid ermee.'[11]

Een enkele verflaag is voor Breedveld te schraal. Door lagen nat over
elkaar heen te schilderen krijgt ze een soort van stroperigheid, een
weerstand in het materiaal. Ze schildert 'door' de verse lagen verf
heen zodat ze mengen. Pas dan gaat ze zich daadwerkelijk tot de verf
als materiaal verhouden.
    De nadrukkelijk gelaagde substantie is tegelijkertijd begrensd.
Toch is de buitenste laag geen afdeklaag: het maakt uit wat er onder
zit. De oppervlakte van het schilderij, doet zich voor als een elastische
huid. Deze huid is strak gespannen en vormt een grens tussen
binnen en buiten. Enerzijds beschermt hij, schermt hij af. Anderzijds
is de huid een tussengebied dat sensaties bemiddelt, van buiten
naar binnen en van binnen naar buiten. Het oppervlak van de huid
suggereert tevens een dimensie *onder* de huid. De sporen van eerder
aangebrachte kleuren, van eerdere verfstreken zijn in contact met de
verfhuid die hen afdekt. Het oppervlak wordt bepaald door datgene
wat zich eronder bevindt. Dankzij het feit dat de verf van Breedvelds
schilderijen zich zo nadrukkelijk als huid doet gelden, is het kijken
naar haar werk meer dan een louter visuele ervaring. De huid is
immers tactiel zintuig bij uitstek. Tijdens het kijken naar haar werk
worden met name tactiele ervaringen teweeggebracht. Het schilderij
doet zo een beroep op de integratie van verschillende zintuigen, door
middel van wat in de retorica de figuur van de synesthesie wordt
genoemd.

Aangezien voor Breedveld de materialiteit van verf uitgangspunt is,
is het niet verbazingwekkend dat haar werken tussen 1995 en 1997
zich als 'aards' voordoen. De kleuren die domineren zijn bruine,
modderachtige kleuren. Ook al schijnen er andere, lichtere kleuren
door die modderkleuren heen, het bruin-grijze heeft de overhand.
De aardse kleuren lijken de consequentie te zijn van het benadrukken
van de materialiteit van verf en van de herhaalde horizontale
verfstreek. Want wanneer laag na laag over elkaar wordt
aangebracht en de kleuren zich mengen, resulteert uiteindelijk
bruin. Wanneer in haar werken vanaf 1999 de meng-modderkleuren
plaatsmaken voor meer pure, lichte en felle kleuren, betekent dat ook
een accentverschuiving in haar fundamentele benadering van het
schilderij. De verfstreek als handeling komt minder centraal te staan.
In plaats daarvan gaat de aandacht steeds meer naar kleur, het meest
immateriële aspect van een schilderij, en de werking daarvan.

Het meer op de voorgrond plaatsen van kleur – als onderwerp –
betekent echter niet dat Breedveld een systematisch onderzoek doet
naar kleur. Haar keuze voor bepaalde kleuren kent geen systeem,
maar gebeurt intuïtief. Ze heeft geen voorkeuren voor bepaalde
kleuren, of kleuren die taboe verklaard zijn. Alle kleuren zijn voor
haar in principe gelijk. Terwijl kunstenaars als Alberts of Kandinsky
een meer technische benadering van kleur hadden en kleuren
altijd onderbrachten in een stelsel, is haar benadering eerder
fenomenologisch en gevoelsmatig. Uiteindelijk gaat het haar niet
om kleuren als zodanig, maar om verschillen tussen kleuren, om
nuances en gradaties. De waarde van kleur ontstaat differentieel:
ze ontlenen die waarde aan elkaar, aan het verschil met andere
kleuren. Het meest interessant zijn in die zin de kleuren die niet
langer benoemd kunnen worden, omdat die zich in de meest
letterlijke zin 'tussen' de bekende kleuren ophouden.[12]

De lichte en felle kleuren die in haar werk van na '98 de overhand
krijgen, zijn wel degelijk ook in de materiële donkerte van haar
eerdere werken met de 'modder'-kleuren aanwezig. En zoals de
modderkleuren het idee van materialiteit verstevigen, zo brengen
de lichte en felle kleuren het idee van licht binnen. Licht, enerzijds
in de betekenis van niet-zwaar, maar vooral in de betekenis van het
tegengestelde van donker. Dit element licht lijkt op gespannen voet
te staan met dat van materialiteit. Licht staat in de geschiedenis van
de schilderkunst juist voor het loskomen van de materialiteit van
verf; het betreft een effect of illusie teweeggebracht met behulp
van verf. Licht is geen eigenschap van verf als zodanig. Vanuit
het perspectief van de kunstgeschiedenis lijkt Breedveld zichzelf
een onmogelijke opdracht gesteld te hebben. Licht is volgens die
geschiedenis juist materieloos: de ontkenning of transcendentie van
materie. Vraag is echter of deze visie op licht nog wel op gaat voor
het werk van Breedveld.
    Door middel van licht gaat Breedveld een dialoog aan met de
geschiedenis van de schilderkunst. Rembrandt representeerde licht
door middel van de *chiaroscuro*-techniek, door bepaalde delen
van de scène extreem te belichten en andere delen in onzichtbare
donkerte te laten. Al eerder had Caravaggio naam gemaakt als
illusionist van het licht. Hij representeerde licht door extreme
contrasten in lichte en donkere kleuren aan te brengen. In beide
gevallen wordt de illusie van licht als effect geproduceerd, het betreft
een representatie van licht. In die zin zijn hun schilderijen zelf niet de
bron van het licht. Bij Breedveld lijkt licht echter besloten te liggen
in de materialiteit van verf. Vanuit de gelaagde materialiteit van de
verf schijnt het licht. Het zijn de gradaties en nuances in kleur*verschil*
die het licht produceren. Als een alchemist is zij in staat die materiële
kwaliteit aan het daglicht te brengen. Immers, het gaat bij haar niet
om de illusie van licht in de zin van een representatie ervan, maar
om de productie van licht met de materie van verf en kleur als
gronstoffen. Door het licht uit de verf te laten komen lijkt ze te
zeggen, dat we Caravaggio en Rembrandt te eenzijdig in termen
van representatie en figuratie hebben gezien. Terugkijkend vanuit
haar werk zien we nu ook bij hen het licht van binnenuit het verfwerk
komen.[13]

Breedvelds differentiële omgang met kleur heeft uiteindelijk
ook gevolgen voor hoe zij in tentoonstellingen de werken bij
voorkeur hangt. Haar ordeningen wijken radicaal af van de klassiek
modernistische manier van hangen waarbij ieder werk afzonderlijk
gezien moet worden en dus in zo groot mogelijk isolement van ander
werk getoond wordt. Ook al is dat bij een schilderij van Breedveld
ook heel goed mogelijk, de horizontale verfstreek van haar werken
creëert tevens andere mogelijkheden. De horizontale beweging

houdt in feite niet op bij de rand van het schilderij. In hun beweging grijpen de schilderijen naar elkaar, en zijn ze ruimtelijk met elkaar verbonden. Wanneer deze ruimtelijke verbondenheid van haar afzonderlijke werken ingezet wordt door ze nadrukkelijk ten opzichte van elkaar te plaatsen, gaan ze ook in relatie tot elkaar *werken*. Het ene werk wordt dan de tegenhanger van een andere, terwijl ook graduele verschillen en overgangen zichtbaar worden. Vergelijkbaar met het bekende Droste cacaoblik wordt de muur met meerdere werken tot een *mise en abyme* van een individueel werk. Immers zoals de kleur op basis van verschil binnen elk schilderij werkt, zo werken de schilderijen nu ook ten opzichte van elkaar.

In 2004 en 2005 heeft Breedveld twee series werken op papier gemaakt. Deze wijken in nogal wat opzichten af van haar werken op doek. Zij maakt bijvoorbeeld geen gebruik van olieverf, maar van acryl. En ook al is dit werk wederom gelaagd, de gelaagdheid leidt niet tot substantie van materialiteit. Het gaat nu vooral om het aanbrengen van *kleur* door middel van de bekende horizontale verfstreek. De materialiteit van verf treedt nu niet op de voorgrond omdat deze door het papier geabsorbeerd wordt. Ze heeft acht kleuren gebruikt, vier per vel in steeds verschuivende combinaties. Zoals haar schilderijen op doek aan de randen de kleuren laten zien die laag over laag zijn aangebracht, zo zien we nu ook aan de randen de kleuren in pure vorm. Naar binnen toe zijn ze gemengd als gevolg van het feit dat de kleuren tegelijk zijn aangebracht. Daar waar de kleuren mengen, ontstaat een extreem ruimtelijk effect. Deze ruimtelijke dimensie is visueel wazig en tactiel wattenachtig. Er is een illusie van volume veroorzaakt die zowel naar voren als naar achter toe wijkt.

Het verschil in gebruikte materialen heeft grote gevolgen voor de manier van kijken die door dit werk op papier wordt geactiveerd. De elastische huid van olieverf op haar schilderijen op doek heeft een glans die de blik van de toeschouwer terugkaatst. Het idee van huid als afscherming wordt daardoor opgeroepen. Glans en reflectie ontbreken bij het werk op papier. Het oppervlak daarvan is mat. De blik van de toeschouwer wordt daardoor geabsorbeerd in plaats van teruggekaatst. Zoals eerder de verf het papier is ingezogen, zo gebeurt dat vervolgens met de blik erop. Daardoor is de associatie met huid niet langer van toepassing. Het soort van ruimtelijkheid dat nu opgeroepen wordt, is van andere aard. De ruimtelijkheid is wederom extreem tactiel. Juist doordat het oog, zoals bij een onscherpe foto, niet in staat is om scherp te stellen op het wazige oppervlak, worden andere zintuigen geactiveerd. Men voelt de kleur, zoals ook mist tastbaar lijkt te zijn.

Breedvelds werk op papier vormt een variatie binnen een consequent project. Het verschil met haar werken in olieverf op doek is de logische consequentie van het feit dat de spelers in het veld van haar schilderijen steeds dezelfde zijn: materie, kleur, en de verfstreek. Dus wanneer andere materialen gebruikt worden, moet de uitkomst wel anders zijn. De ruimtelijkheid die in deze materialen besloten ligt, bestaat uit een visuele horizon die zich niet langer als uiterste grens voordoet. Het betreft geen ruimte die de kijker elders vermoedt, of waar hij van buitenaf in kijkt, het is een ruimte waarin de kijker opgenomen wordt.

1
Fer, Briony, *Poussière/Peinture: Bataille on Painting*. in: *On Abstract Art*, New Haven and London: Yale University Press, 1997, pp. 77-92.

2
Deleuze, Gilles, Félix Guattari, *A Thousand Plateaus. Translation and foreword by Brian Massumi*. Minneapolis: University of Minnesota Press, 1987, p. 575.

3
Rajchman, John, *Another View of Abstraction*. in: *Journal of Philosophy and the Visual Arts* 5, 1995, p. 19.

4
Rajchman, ibid., pp. 17-8.

5
Rajchman, ibid., p. 19.

6
Gesprek van de auteur met Marian Breedveld, Tilburg, 20 juni 2006.

7
Breedveld, Marian, Irene Veenstra, *Twee gesprekken aan een tafel*. [Rotterdam: Marian Breedveld], 2000, n.p.

8
Gesprek van de auteur met Marian Breedveld, Tilburg, 20 juni 2006.

9
Breedveld, Marian, Irene Veenstra, *Twee gesprekken aan een tafel*. [Rotterdam: Marian Breedveld], 2000, n.p.

10
Breedveld, Marian, Irene Veenstra, ibid., n.p.

11
Breedveld, Marian, Irene Veenstra, ibid., n.p.

12
Deze formulering wijst indirect op de beginselen van de semiotiek (en van de linguïstiek, zijn oorspronkelijke aandachtsgebied) van Ferdinand de Saussure. Zie: Ferdinand de Saussure, *Course in General Linguistics*. Ed. Charles Bally and Albert Sechehaye, trans. and annotated by Roy Harris. London: Duckworth, 1983.

13
Deze formulering die de chronologische volgorde omdraait roept Mieke Bal's concept van de 'preposterous history' in herinnering. Zie: Mieke Bal, *Quoting Caravaggio: Contemporary Art, Preposterous History*. Chicago: University of Chicago Press, 1999.

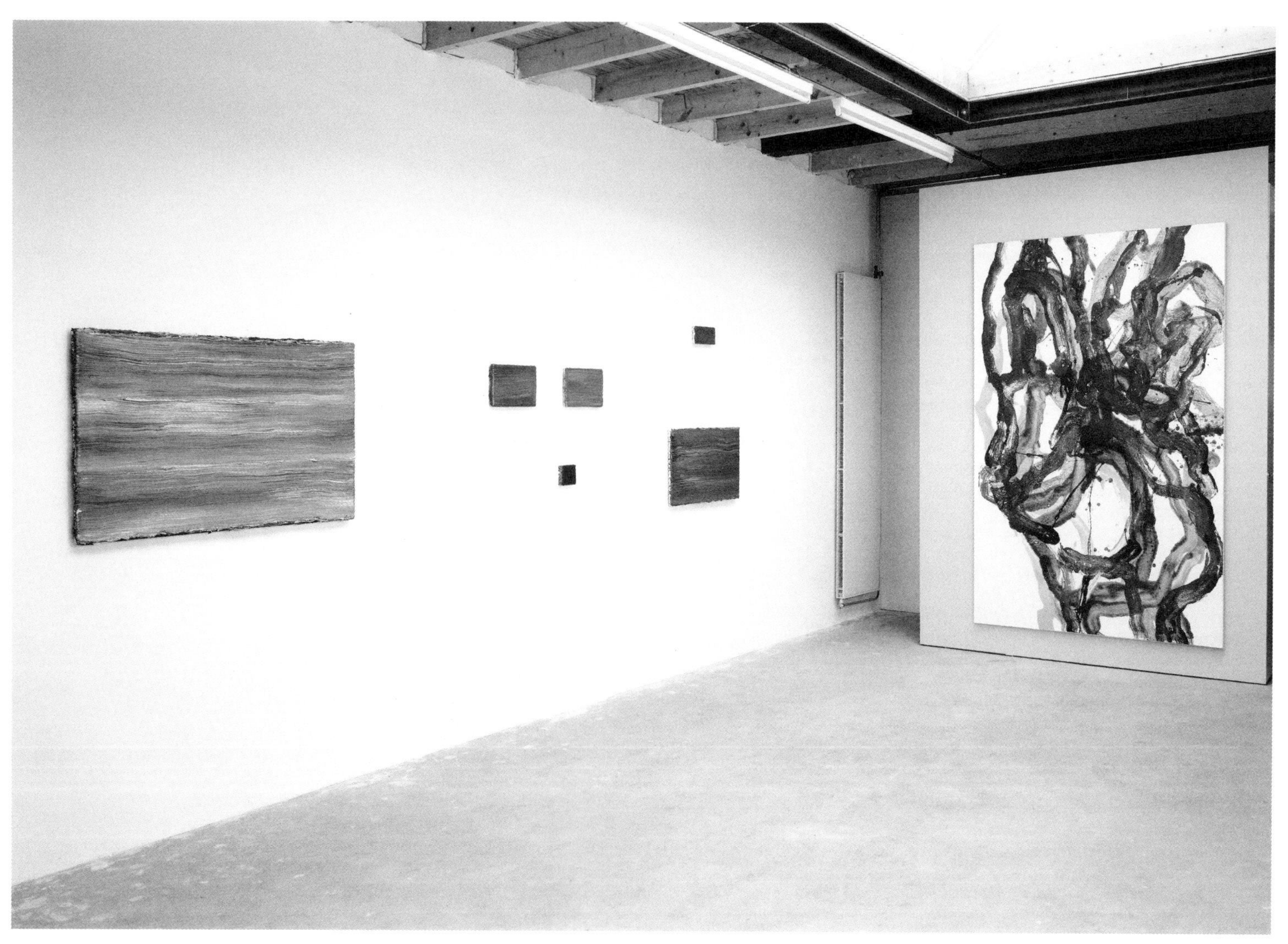

C'est ce que je fais qui m'apprend ce que je cherche.
Pierre Soulages

Après vingt ans d'une œuvre aussi lumineuse que limpide, et qui n'aura cessé de s'interroger sur elle-même, que peut-on en dire ? D'abord, que du travail de Marian Breedveld, il ne faut rien en attendre sinon le travail lui-même. Et de l'auteur en propre, chacun de ses tableaux n'en dira rien, ou si peu. Mais c'est moins à une énigme que ceux-ci nous convient que des interrogations successives que chacune nous adresse. Des interrogations tel que : pourquoi venir aujourd'hui nous regarder ? que venez-vous ici chercher ? et qu'avez-vous en fait de nous perçu ? À cela vous pourriez me répondre que c'est l'artiste elle-même qui, à travers des accrochages et des expositions si minutieusement agencés, nous invite à jeter un œil sur son travail. Certes, mais dès que notre regard se pose à la surface d'une de ses toiles, celle-ci immanquablement nous absorbe et nous aspire, si bien que la raison première d'une visite à une exposition ne revêt plus aucune importance. Il ne reste que de la peinture au travail dont les périodes se succèdent ou s'entremêlent, des premiers dégradés horizontaux « bonnardiens » aux plus récents contrastes verticaux presque fluorescents.

Il n'y aurait donc ici que de la peinture en elle-même, et cela à travers toute sa capacité à rendre vibrant et sensible l'espace qui l'entoure, à le faire et à le défaire. Et quand j'en appelle au sensible, j'en appelle à toutes les dimensions du sensible. Celle des sens, bien sûr, la vision en premier ; mais pas seulement. Le voir n'a pas tout pouvoir ! Il y a surtout la matérialité de ses tableaux. Cette succession de couches de peintures qui les constitue – et là je parle bien de la matière-peinture en elle-même et non plus du tableau-peinture – et qui nous incite à y retrouver l'amplitude du geste de l'artiste. Un geste long et lent, à la fois souple et chargé, vigoureux et décisif, qui produit une surface épaisse et striée conduisant à une sorte de tactilité mentale, tant on y ressent presque physiquement le contact des couches de peinture sur la toile comme le relief irrégulier des sillons horizontaux qu'elles produisent dans leur étalement, la cause et la conséquence, l'origine et la fin. Puis la couleur, les couleurs. Ce jeu subtil des couleurs qui qualifie principalement – à tort ou à raison – le travail de Marian Breedveld. La magie de ce rapport de succession tout à la fois en superposition et en juxtaposition, mais parfois en accord, parfois en désaccord, en dégradé ou en contraste donc, et qui apporte à chaque œuvre sa vibration et son éclat si particuliers et si singuliers, sa ligne mélodique et son timbre, léger ou dense. Et qui font que rythme et espace marquent le temps de son œuvre. Enfin, à travers cette alliance secrète entre la matière et la couleur, quelque chose d'un parfum et d'une saveur, un parfum et une saveur parfois douceureux parfois acides, parfois évanescents parfois capiteux.

Et tout cela apporte à ses tableaux une sensualité paradoxale ou tout le moins surprenante, une physicalité où le plaisir jamais ne s'absente même quand il se retrouve contrarié. Et jamais le corps du tableau n'a semblé avoir une peau de peinture aussi riche, intense et active, même quand celle-ci apparaît parfois élastique et tendue, translucide et exsangue, parfois plissée et ramassée, pincée et cicatrisée. Et cela d'autant plus que ce corps du tableau a le plus souvent la dimension de notre propre corps. À l'horizontal, celui des deux bras étendus, ou de l'amplitude extrême d'un seul geste d'étalement. À la verticale, celui de notre œil défigurant et refigurant tout à la fois une personne « des pieds à la tête » et « de la tête aux pieds ». D'un format plus petit, ils incitent alors à la proximité, à l'accommodation au détail, à une présence organique.

La sensorialité, la sensualité et, bien sur, la sensation. Chacune des peintures de Marian Breedveld est un précipité de sensations.

Des sensations pures dans la mesure où aucune représentation, aucune figuration, aucune image, aucun motif, aucune signification jamais n'advient. Et si ce qu'il y a à voir ne se tient que dans ce que vous voulez y percevoir, ce qu'il y a à sentir et à ressentir en revanche déborde et dépasse le cadre propre au tableau tant ce qui s'y passe semble produire un espace en soi, un espace en expansion permanente, presque un environnement dont nous serions, nous spectateurs, les captifs.

Il reste la lumière. La lumière intérieure propre à la peinture, cette subtile et mouvante luminescence propre aux couleurs et accentuée encore par l'assonance de leur rapprochement ou la dissonance de leur confrontation. Et cette vitalité, cette énergie presque électrique que son œuvre dégage aujourd'hui. Mais aussi la lumière extérieure, cette lumière qui se pose sur la peinture pour mieux en matérialiser les reliefs, en singulariser les épaisseurs, en accentuer les transparences et les opacités.

Pourquoi venir aujourd'hui regarder les œuvres de Marian Breedveld ? Qu'y chercher? Et que faire de ce que nous y avons trouvé ?… Parce que nous appartenons au monde et parce que nous réglons la marche de notre existence sur l'écoulement du temps. Ici et maintenant, dans les tableaux de Marian Breedveld, le temps s'écoule et se rythme selon une vitalité, une intensité et une énergie que l'on ne saurait que partager. Qu'importe si nous ne saurons jamais ce qui la guide et où va-t-elle. Cet ailleurs, cet inconnu aventureux qu'elle nous désigne, et qui n'est que cette œuvre elle-même qui nous fait face, est bien plus proche de nous que bien d'autres objets du réel parce que sa présence en appelle directement au sensible et, au-delà, à ce que ce sensible ouvre de temps et d'espace, de silences et de paroles, d'expériences et de savoirs, autrement dit: à ce qui dans ce sensible coule de sens.

Il est frappant de remarquer que le discours sur l'abstraction est resté assez pauvre par rapport au rôle déterminant qu'elle a joué dans l'histoire de l'art du XXième siècle. En règle générale, on oppose l'abstraction à la figuration. Ainsi, une œuvre qui n'est ni figurative, ni narrative, ni illusionniste sera considérée comme abstraite. L'abstraction est donc définie a priori selon une logique négative : elle se distancie volontairement de la représentation traditionnelle de l'art, elle la nie ou l'ignore.

Cette logique négative prédomine dans le point de vue adopté par les artistes, critiques et historiens de l'art, notamment au sujet des deux plus célèbres manifestations de l'abstraction dans l'art du XXième siècle.

En premier lieu, il s'agit de définir ce que signifie l'abstraction pour les représentants constructivistes de l'avant-garde dite « historique », comme Mondrian, Malevitch et El Lissitzky. L'abstraction signifiait pour eux la purification. Il s'agissait d'un procédé qui vide l'image de formes concrètes afin de laisser visibles seulement les formes pures et essentielles. On pourrait dire que, dans ce cas, l'abstraction des formes conduit à la « Forme » – c'est-à-dire que les formes pures et élémentaires qui découlent de l'abstraction sont de nature idéelle, conceptuelle. Elles donneraient accès à un ordre de connaissance supérieur, métaphysique, transcendant.

À ce modèle d'abstraction européenne d'avant-guerre a succédé, dans les années 1950-60, un modèle principalement américain, défendu en particulier par les critiques Clement Greenberg et Michael Fried, modèle qui s'appliquait aux pratiques artistiques de l'expressionnisme abstrait. Ils ont expliqué l'abstraction (dans la peinture) comme l'exploration de l'espace-plan du tableau ou, de façon plus générale, comme l'exploration des éléments constitutifs d'un medium spécifique. Ici encore, la recherche exclusive de ce qui constitue un medium est de nature négative, dans le sens où il s'agit d'exclure les éléments qu'un medium partage avec un autre.

L'historienne de l'art britannique Briony Fer a démontré qu'en marge de ces deux discours sur l'abstraction, il en existe un troisième.[1] Dans les articles que Georges Bataille a publiés dans la revue surréaliste *Documents*, il explique que les œuvres abstraites de Miró, Masson et Picasso semblent nous donner accès à un inconscient moderne, à un espace obscur déterminé par le traumatisme, la perte et la castration. On reconnaît donc, une fois de plus, l'abstraction définie selon une logique négative. Néanmoins, le discours surréaliste de Bataille se distingue des discours prédominants, dans la mesure où il explique l'abstraction à partir de thèmes et de concepts provenant de la psychanalyse. Ceci implique que l'abstraction n'est plus conçue dans un cadre métaphysique, comme dans le courant constructiviste de l'avant-garde « historique », ni en termes de medium comme dans la conception de Greenberg et Fried, mais en termes de subjectivité et d'(in)conscient.

À première vue, cette troisième vision semble s'être fondue dans un quatrième discours sur l'abstraction d'après-guerre, le discours commun sur l'abstraction. Cette conception en vogue considère l'abstraction de l'expressionnisme abstrait surtout comme l'expression superlative de la pureté et de l'intensité. L'artiste ne s'exprime plus par le détour de la représentation ; l'expression a été réduite à son essence, c'est-à-dire, à une intensité qui s'affirme comme une « force » abstraite. Cependant, la ressemblance entre ces deux discours, le discours surréaliste et celui d'après-guerre, est trompeuse. Tandis que le surréalisme critique la pensée émanant du *sujet* individuel, le discours commun sur l'abstraction procède, au contraire, soit d'un retour à la conception romantique de l'art comme *expression* individuelle, soit de sa continuation. C'est en ce sens que le discours commun sur l'abstraction s'oppose diamétralement

aux trois discours que j'ai distingués. Car, toutes différentes qu'elles soient, ces trois conceptions (le modèle puriste de l'avant-garde européenne, le modèle des critiques américains d'après-guerre, fondé sur les médium artistiques, et le modèle surréaliste d'un inconscient moderne) tentent chacune de présenter une alternative à la pensée de l'art comme expression individuelle.

Ce facteur commun de ces trois discours (opposés au quatrième) les rend particulièrement intéressants. Cependant, ce qu'ils partagent, c'est une définition négative de l'abstraction. C'est précisément à cet aspect-là que s'opposent les philosophes Gilles Deleuze et Félix Guattari dans leur tentative de redéfinir la fonction de l'abstraction et par-là même celle de l'art abstrait. Dans leurs ouvrages de 1980 et de 1991 (*Milles plateaux* et *Qu'est-ce que la philosophie ?*), ils développent une conception de l'abstraction qui repose sur une logique non pas négative mais bien positive. L'abstraction n'est donc plus envisagée en opposition à la figuration. En outre, elle n'a plus rien à voir avec le traumatisme ou la castration. L'abstraction n'est pas une action ou un procès qui abjure les formes concrètes ; au contraire, elle *précède* la forme. En un sens, on peut dire que l'abstraction est plus concrète que la figuration.

Par exemple, en commentant l'œuvre de Jackson Pollock, les philosophes affirment qu'elle se concentre sur le problème d'exprimer quelque chose qui pourrait n'être pas figuratif. L'abstraction est pénétrée par la conscience qu'il y a un monde de possibilités *en dehors* des formes existantes. Dans l'abstraction, apparaissent de nouvelles possibilités de formes. L'ultime conséquence de ce raisonnement est que tout art est abstrait. Dès lors, la figuration est le résultat de certaines formes d'abstraction, plutôt que d'en être la condition préalable ! [2]

Cette conception de l'abstraction entraîne une série de questions d'un tout autre type. Il ne s'agit plus de déductions mais de conditions : on ne se pose plus la question de savoir comment déduire les formes essentielles des formes existantes, mais comment produire des formes singulières nouvelles, en dehors des formes déjà existantes ? [3] Et surtout, sous quelles conditions ? Selon Deleuze et Guattari cette dernière question serait au centre du modernisme. En effet, les artistes et écrivains modernistes tentent ardemment de répondre à la question : comment est-il possible de peindre ou de décrire des forces, des qualités et des possibilités qui se trouvent (encore) en dehors des formes existantes ?

Sur la base de ce raisonnement, les textes de Kafka, Joyce et Beckett sont des exemples d'art abstrait, comme l'écrit le philosophe américain John Rajchman :

« Ainsi, dans la "minorité" de Kafka, le "chaosmos" de Joyce, les "épuisements" de Beckett, il [Deleuze] identifie une abstraction bien différente du genre auto-purifiant – celui des "machines abstraites" qui poussent les formes artistiques au-delà et en dehors d'elles-mêmes, incitent leurs langages mêmes à bégayer des "et … et … et", comme s'ils étaient possédés de la force d'autres choses. Il relie ce bégaiement abstrait, "et", non pas à la mort ou l'auto anéantissement héroïque, mais à une étrange vitalité anorganique capable de découvrir de nouvelles façons d'agir lors des passages à vide. Et une telle vitalité, une telle abstraction, pense-t-il, est quelque chose dont on pourrait *encore* être capable, quelque chose qui est toujours avec nous et avant nous. » [4]

En utilisant le mot « bégaiement », Rajchman se réfère au moment où, dans le raisonnement de Deleuze et Guattari, le langage « n'est pas encore ». La dégradation du langage, ou sa propre faillite, n'est pas un effet rétrospectif, mais indique fondamentalement un langage qui n'est pas encore possible.

Dans son ouvrage *Logique de la sensation*, Deleuze traite les films de Jean-Luc Godard comme un autre exemple d'art abstrait. Pour Deleuze, les films de Godard ne sont pas abstraits parce que leur déroulement n'est plus narratif dans le sens conventionnel du terme mais parce qu'ils sont largement autoréflexifs. Ces films sont abstraits parce qu'ils consistent en éléments on ne peut plus différents, de discours très divers, présents et passés. Paradoxalement, c'est une continuité non-narrative qui émerge du mélange de tous ces éléments. L'abstraction n'est donc pas le résultat d'un refus de la narrativité, mais de la tentative « d'atteindre un "ailleurs" ou d'autres connexions étranges, au moyen d'un ET libre et abstrait, qui entraine le mouvement du film. » [5]

Dans la pensée critique traditionnelle des discours sur l'abstraction, la peinture monochrome, ou plus radicalement encore, la toile vierge, constituent l'exemple ultime de l'art abstrait, le point de non-retour - ou de « fin de partie », pour citer Beckett - du processus de purification. Cependant, pour Deleuze et Guattari, la toile monochrome ou vierge n'est pas la conséquence d'une réduction extrême, car la toile est moins vide qu'elle n'est *intense*. Intense signifie que s'ouvre là un univers sans précédents et imprévisible plein de possibilités inconnues. Or, afin de voir cet arsenal de possibilités ci, la peinture doit se rendre aveugle – aveugle devant les formes déjà existantes et reconnues, c'est-à-dire qu'elle doit, en quelque sorte, s'en abstraire. C'est là que réside justement le paradoxe de l'art abstrait : à travers l'abstraction, nous faisons l'expérience des limites du visuel, autrement dit de l'aveuglement de la peinture. Et cette expérience donne forme à des forces et des possibilités invisibles, abstraites, non encore articulées.

Dans quelle mesure cette conception de l'abstraction nous aide-t-elle à comprendre l'œuvre de Marian Breedveld ? Une des caractéristiques de son travail depuis les années 90 est l'application répétée du même geste horizontal au moyen d'une large brosse. Le tableau résulte de la répétition du même geste qui recouvre couche sur couche, couleur sur couleur. Or, dans l'art abstrait de la première génération, plus particulièrement dans l'art des expressionnistes abstraits, tels Willem de Kooning, le coup de brosse visible et le geste qui la produit impliquaient la main de l'artiste. En rendant ce geste visible, l'artiste s'inscrivait dans l'œuvre, se rendait présent ou s'exprimait. C'est dans ce sens que la trace apparente du geste est automatiquement liée à l'expressionnisme. Cette interprétation ne peut pas s'appliquer au geste de Breedveld. A un certain moment, elle a commencé à peindre des bandes horizontales dans le but de minimiser la forme inscrite par la brosse. Par ce mode opératoire systématique, elle ouvre l'espace, dynamisé par les traces de la brosse. Cette attitude est plus conceptuelle qu'expressionniste. Car, comme tout le monde tend à le penser, l'expression individuelle ne se laisse pas brider par de telles contraintes arbitraires. Ici, l'idée de la liberté d'expression est fortement contestée. A sa place s'impose un geste pictural de l'ordre du processus ou du rituel. C'est justement dans la répétition du même geste sans relâche, celui d'un trait horizontal de brosse chargée de couleur que se développe son travail.

Ce n'est pas l'horizontalité de la touche qui a de l'importance. Malgré que le mouvement horizontal induit des associations évidentes comme celles du paysage ou de l'horizon, ce qui prévaut c'est le caractère élémentaire de la touche de peinture, c'est le fait que la bande colorée soit considérée comme telle. Breedveld dit à ce sujet : « Je veux, autant que possible, rendre visible la bande colorée comme une bande colorée. » [6] Cette approche fondamentale du tableau est inévitable lorsque l'on compare les œuvres composées de bandes horizontales avec les peintures du début des années 90.

À cette époque elle appliquait la peinture dans un mouvement circulaire. Et tout comme les bandes horizontales n'ont aucune signification intrinsèque, le mouvement circulaire ne signifie rien en particulier. « Je le fais et le refais sans y penser. » Quel que soit le mouvement donné à la brosse par Breedveld, le tableau est le résultat d'un procédé, d'un mouvement répétitif.

« C'est de l'ordre de la méditation : dans la concentration de ses pensées, l'écran des images que l'on porte en soi est effacé. Ensuite se libère un espace où l'on peut résumer les expériences, les comprimer et en faire quelque chose de tangible. Quand je travaille à un tableau, je ne pense à rien, tout comme quand je me trouve dans un paysage. Je suis alors seule avec mes outils et je me fraie un chemin à travers la matière. Ce sont des instants vides de toute pensée, sans illusions, rien qu'une déambulation d'un point quelque part dans l'espace vers un but provisoire. » [7]

Mais il y a plus. Tandis que le sujet du projet pictural de Breedveld est constitué des éléments de base de la peinture (sa matière, sa couleur, le trait horizontal), son résultat est tout sauf formaliste. Laissons l'artiste s'exprimer : « J'ai une approche fondamentale de la peinture dont le résultat la transcende largement. Cette approche fondamentale n'est qu'un point de départ. » [8] Ce qui reste pour le moins paradoxal, surtout d'un point de vue de l'abstraction traditionnelle, c'est que ses dernières œuvres évoquent presque toujours des paysages, ce qui tient, entre autres, au format horizontal des toiles, mais aussi au rôle qu'y joue la lumière en combinaison avec l'horizontalité de l'œuvre. De là viennent des impressions de lointain, conséquence de l'interaction entre lumière et eau, lumière et nuages, lumière et matière. L'espace pictural évoque donc, à l'encontre de ce que Greenberg et Fried ont postulé quant à l'avenir de la peinture, une illusion de spatialité. La planéité du tableau est niée. D'un point de vue formel, c'est le résultat de la construction en couches superposées qui a pour effet que le spectateur ne peut déterminer exactement où se trouve la surface du tableau. Une dimension spatiale émerge *dans* ou *derrière* la peinture, ce qui empêche l'œil d'ajuster son diaphragme. L'espace s'étend autant vers l'avant que vers l'arrière. Par conséquent, la vision est trouble, comme si nous regardions un objet dans le brouillard.

Néanmoins, cette suggestion du paysage ne signifie pas que cette forme d'abstraction constitue un retour à l'illusion du réalisme. Tout d'abord, il ne s'agit pas ici d'une représentation du paysage, mais de la création de formes qui donnent l'apparence d'un paysage. Par ailleurs, lorsque le regard se porte sur les bords de la toile, il est confronté au fait qu'il s'agit d'un effet, dû aux multiples couches de couleurs posée les unes sur les autres. Ainsi retombons-nous dans la matérialité de la peinture, en dehors de tout paysage. Breedveld :

« On pourrait voir un paysage ou des horizons dans mes tableaux, mais les bords de la toile qui ne sont que surface ramènent le spectateur à l'espace réel. Je ne veux pas que le spectateur, en tant qu'individu pensant et expérimentant, disparaisse complètement dans l'illusion d'une représentation. C'est par les bords du tableau que je m'oppose avec force à la possibilité que l'illusion pourrait prévaloir sur la présence réelle, sur l'action réelle. L'illusion des sens est pourtant une force fascinante. Les gens aiment avoir conscience de l'illusion qu'ils créent dans leur manière de s'habiller et de se présenter. On retrouve cela dans les parades nuptiales des oiseaux. C'est une force qui donne de multiples possibilités pour capter une attention sans partage sur un tableau. » [9]

Tandis que dans le réalisme, l'illusion résulte du refus de la matérialité de la peinture, dans l'œuvre de Breedveld, l'illusion de

'l'aspect-paysage' est entièrement ancrée dans la matérialité des pigments et de la couleur.

'L'aspect-paysage' de l'œuvre de Breedveld montre comment, et dans quelle mesure, les discours sur l'abstraction précédemment évoqués sont insuffisants. Leur logique négative échoue à rendre compte de cette œuvre-ci. Ici, le refus de l'illusionnisme n'est pas la condition pour que le projet d'abstraction s'accomplisse. Au contraire, l'illusionnisme est une possibilité d'ouverture de l'abstraction.

L'abstraction dans l'œuvre de Breedveld n'est en aucun cas une analyse de ou une clef d'accès à une réalité physique ou métaphysique. Ce qui importe, c'est l'expérience de la réalité concrète de l'œuvre : « Le tableau est un lieu où je me sens en accord. [...] C'est un endroit d'action, que l'on peut déplacer mais qui n'est pas remplaçable, un monde habité, débarrassé de toute intervention artificielle. Ce qui existe, doit y être. » [10] L'illusionnisme qui émane de ses œuvres ne constitue pas un facteur de mise à distance mais au contraire est fondé sur la présence de l'œuvre. Il en constitue à la fois sa reconnaissance et sa légitimation.

Il est d'emblée évident que les peintures de Breedveld sont exécutées à plat et non sur un chevalet. Les bords verticaux en sont la preuve. La peinture, entraînée par son poids déborde des deux côtés du châssis. La peinture une fois accrochée, les deux débordements de peinture font face au mur. Cette caractéristique de l'œuvre de Breedveld est plus qu'une simple donnée formelle. Il s'agit d'un principe, d'une démarche qui permet à l'artiste de se distancier de la longue tradition de la peinture occidentale, où la position de l'artiste par rapport à la toile sur le chevalet constitue le modèle-type du projet visuel tel qu'il est réalisé sur la toile. L'artiste (et le spectateur) y sont réduits à un œil, tandis que la peinture devient l'horizon visuel de cet œil. Une fois la peinture ainsi conceptualisée, le résultat quasi inéluctable en fut la figuration, une relation illusionniste à la réalité, et une prise de distance par rapport au réel à l'aide de la perspective.

En revanche, Breedveld, tout comme Jackson Pollock, ne place pas la toile comme horizon visuel, devant elle-même, mais *sous* elle, comme support matériel et tactile. Par conséquent, la base, dans le sens de point de départ du projet pictural est d'une nature fondamentalement différente. Pour la première fois, l'artiste n'est plus réduit à un œil : Sa position inconfortable par rapport à la toile va activer d'autres sens. Pourquoi ? Parce que le poids physique, et donc la matérialité de la peinture, vont y jouer un rôle primordial. En second lieu, la perception frontale de la toile ne coïncide plus avec une vue sur l'horizon qui serait *dans* ou *sur* la toile. La peinture, n'est plus l'horizon visuel, c'est le sol. Et, ici, il faut comprendre le mot « sol » à la fois dans le sens de la position de la toile par rapport à l'artiste, et comme base ou point de départ du projet pictural. Cette base définit alors la peinture non plus comme purement visuelle, mais comme tactile, ou plus justement dit, comme matérialité multisensorielle. Le fond n'est donc plus visuel mais avant tout tactile.

Le fait que la peinture est avant tout de la matière et de la couleur est quelque chose qui est mis en avant dans les peintures de Breedveld. La peinture comme matière n'est plus un moyen au service de l'illusionnisme que l'œil du spectateur est censé ignorer. Au contraire, la peinture comme matière est devenue le sujet de la peinture ce qui explique l'épaisseur et la multiplicité des couches des peintures. Ces couches multiples superposées ne créent pas une image au sens d'une représentation, mais une matière. C'est la matière picturale qui provoque la sensation esthétique. Cette matière, constituée de multiples couches superposées est essentielle.

« Ce qui m'importe, c'est ce qui se passe à la surface comme effet de ce qu'il y dessous : la matière, les traces de mouvement, les couleurs, les mélanges, tout cela est en contact avec la surface. En regardant la peinture on perçoit que quelque chose se cache sous la surface. Je continue à peindre couche après couche jusqu'à ce que la peinture constitue un tout, jusqu'à ce que je maîtrise toutes les couches. Tout ce qui se trouve sous la surface, est revendiqué et fait partie du tableau terminé qui sera exposé. […] Cela peut paraître étrange de parler de la quantité de peinture, mais finalement c'est important pour le résultat final. Je sais qu'il y a toujours un moment pendant l'acte de peindre, où la tension entre la quantité de peinture et la surface est à son summum. C'est alors que la profondeur se fait sentir, que l'espace et la sensualité de la matière deviennent palpables. Ce renversement de la surface vers la profondeur et la spatialité est tout d'abord une expérience physique suivie d'une relation émotionnelle. » [11]

Une seule couche de peinture ne suffit pas à Breedveld. La superposition de plusieurs couches de peintures fraîche les unes sur les autres produit une matière visqueuse qui oppose une résistance à la brosse. Breedveld superpose les couches de peinture fraîche qui ainsi s'entremêlent. C'est ainsi qu'elle recherche une relation avec la peinture en tant que matière.

Dans un même temps, ce magma a des limites : pourtant la couche extérieure, c'est-à-dire la surface de l'œuvre, fait partie intégrante des couches sous-jacentes. La surface du tableau apparaît comme une peau élastique. Elle est tendue et marque la frontière entre extérieur et intérieur. D'un côté elle protège, en délimitant. De l'autre, la peau est un domaine intermédiaire qui transmet les sensations, de l'extérieur vers l'intérieur et de l'intérieur vers l'extérieur. La surface de la peau suggère également et simultanément la dimension d'un *en dessous de* la peau. La trace des couleurs appliquées précédemment, celle de touches antérieures, sont en contact avec la peau qui les recouvre. La surface est ainsi déterminée par ce qui se trouve sous elle. Parce que la peinture des œuvres de Breedveld se manifeste si consciemment en tant que peau, l'acte de les regarder produit une expérience qui n'est pas exclusivement visuelle. Car la peau est l'organe tactile par excellence. Ainsi, lorsqu'on regarde de telles œuvres, la perception que nous en avons est d'abord tactile, tout en restant également visuelle. Par conséquent, la peinture sollicite plusieurs sens à la fois, au moyen de ce que la rhétorique appelle la synesthésie.

Puisque pour Breedveld la matérialité de la couleur est le point de départ de son travail, il n'est guère étonnant de voir que les œuvres de 1995 et 1997 se présentent comme « terreuses ». Les couleurs prédominantes sont des bruns boueux. Même si d'autres tons, plus clairs, filtrent à travers cette tonalité, les couleurs terreuses dominent largement. L'utilisation des couleurs terreuses semble la conséquence logique de l'accent mis sur la matérialité de la peinture et la répétition des bandes horizontales. En effet, en posant les couleurs couche après couche, elles se mélangent et à la fin elles donnent un brun. En 1999, les couleurs terreuses des peintures de Breedveld sont remplacées par des couleurs plus pures, plus claires et plus lumineuses. Ce changement signifie une modification de son approche fondamentale du tableau. La bande horizontale en tant que geste n'est plus au premier plan. Désormais l'attention se concentre de plus en plus sur la couleur, l'élément le plus immatériel d'un tableau. Et aussi sur ses effets.

Le fait que pour Breedveld la couleur – en tant que composant du tableau – gagne en importance ne signifie pas pour autant qu'elle effectue une recherche systématique sur la couleur. Son choix de couleur est purement intuitif et ne relève d'aucun système. Elle

n'avoue ni penchant ni rejet pour quelque couleur que ce soit. Pour elle, par principe, toutes les couleurs sont égales. Alors que des artistes tels que Alberts ou Kandinsky avaient un rapport plus technique à la couleur et élaboraient des systèmes de classification des couleurs, sa relation à la couleur est plutôt sensible et phénoménologique. Ce ne sont pas les couleurs en soi qui l'intéressent, mais leurs différences, leurs nuances et leurs degrés de tonalité. Leur juxtaposition leur donne à chacune une valeur particulière. Dans ce sens, le plus intéressant ce sont les couleurs qu'on ne peut pas nommer car elles se trouvent au sens littéral entre les couleurs « connues ». [12]

Les couleurs claires et lumineuses qui dominent dans les œuvres de Breedveld après 1998, étaient déjà sous-jacentes dans les œuvres de la période sombre à la matière terreuse. Et tout comme les bruns renforcent l'idée de matérialité, de même les couleurs plus claires évoquent l'idée de lumière. La lumière impliquant la légèreté mais avant tout le contraire de l'obscurité. À première vue, on pourrait voir un antagonisme entre matière et lumière. Dans l'histoire de la peinture, la lumière signifie plutôt le détachement de la matière ; la lumière résulte d'un effet ou d'une illusion qui est réalisé au moyen de la peinture. La lumière n'est pas une qualité de la couleur en tant que telle. Or, d'un point de vue historique, Breedveld semble s'être imposé une tâche artistique impossible car la lumière est immatérielle : elle est la négation ou la transcendance de la matière. Reste donc à savoir si cette conception de la lumière est valable encore dans l'œuvre de Breedveld.

Par l'intermédiaire de la lumière, Breedveld engage un dialogue avec l'histoire de la peinture. Rembrandt, par exemple, représentait la lumière par la technique du clair-obscur en illuminant intensément certaines parties d'une scène, et en laissant d'autres dans la pénombre. Avant lui, le Caravage avait établi sa réputation comme illusionniste de la lumière. Il représentait la lumière en établissant de forts contrastes entre les couleurs claires et obscures. Dans les deux cas, l'artiste crée l'illusion de la lumière comme *effet* ; il s'agit d'une représentation de la lumière parmi d'autres. Ce qui veut dire que, pour eux, le tableau n'est pas source de lumière. En revanche, chez Breedveld, il semble que la lumière se trouve dans la matérialité même de la couleur. La lumière surgit des multiples couches de couleur. Ce sont les nuances et les graduations dans la différence des couleurs qui produit la lumière. Comme une alchimiste, elle est capable de révéler la qualité matérielle de la lumière. Car pour elle, ce n'est pas l'illusion de la lumière, ni de sa représentation qui est en jeu mais sa *production* – en se fondant sur la couleur en tant que matière. En faisant surgir la lumière de la couleur, elle semble nous dire que nous avons regardé l'œuvre de Rembrandt et du Caravage d'une manière trop étroite, en termes de représentation et de figuration. Grâce au regard rétrospectif qui émane de l'œuvre de Breedveld, nous pouvons désormais voir comment chez ces maîtres aussi, la lumière semble surgir de la couleur. [13]

La manière particulière dont Breedveld utilise la couleur n'est pas sans conséquence sur la manière dont elle accroche ses tableaux. L'accrochage de ses toiles s'oppose radicalement à une tendance moderne, qui aime isoler l'œuvre d'art pour mieux la mettre en valeur. On pourrait présenter les tableaux de Breedveld de cette façon, mais il est très intéressant de voir que les bandes horizontales de ses peintures permettent d'autres dispositifs. Les bandes horizontales débordant du châssis créent une dynamique qui tend un lien d'une peinture à l'autre. Ce lien spatial entre les tableaux, qu'ils soient accrochés de façon désordonnée les uns à coté des autres ou les uns en face des autres provoque une interaction des œuvres entre elles. Ainsi telle œuvre peut devenir le pendant d'une autre, faisant apparaître graduellement et concomitamment des différences et des liens. Cet accrochage de plusieurs œuvres sur un même mur constitue une mise en abyme de chacune d'entre elles prises individuellement. En effet, dans l'espace du tableau s'établit un dialogue entre les couleurs. Là, sur le mur un dialogue analogue s'établit entre les tableaux.

En 2004 et 2005, Breedveld a réalisé deux séries de travaux sur papier qui diffèrent sous plusieurs aspects de ses œuvres sur toile. Par exemple, sur le papier, elle n'utilise pas de la peinture à l'huile, mais de l'acrylique. Et de même si ces œuvres sont également constituées de recouvrement de couches colorées, leur superposition ne produit pas de matière. Il s'agit là, avant tout de poser la *couleur*, au moyen du geste horizontal caractéristique de Breedveld. La matière picturale ne prédomine pas parce qu'elle est absorbée par le papier. L'artiste s'est servie de huit couleurs, quatre par feuille, et selon des combinaisons changeantes. Comme on pouvait voir sur les bords des bandes colorées des peintures les différentes couches, là on peut distinguer aussi sur les bords certaines couleurs utilisées pour le recouvrement. Au centre de la planche, les couleurs sont intimement mêlées car elles ont été posées dans un même geste, ce qui donne un effet spatial très fort, un aspect visuellement flou et tactilement ouaté. Il en résulte alors une illusion de volume qui s'étend tant vers l'avant que vers l'arrière. L'utilisation de matériaux différents (acrylique et papier) entraîne une autre manière de percevoir ces œuvres sur papier. La peau élastique des toiles recouvertes de peinture à l'huile a une brillance qui reflète le regard du spectateur et suggère l'idée d'une peau. Les œuvres sur papier n'ont ni brillance ni reflet. Ici la surface est mate et l'œil du spectateur est absorbé plutôt que réfléchi. Tout comme le papier absorbe la matière colorée, il est de même pour le regard. Par conséquent, l'association avec la peau n'est plus pertinente. Le type de spatialité qui est suggéré ici est différent, il est extrêmement tactile. Tel l'œil, devant une photo floue, est incapable d'ajuster son diaphragme à la surface floue, d'autres sens sont activés. On "sent" la couleur, comme on peut "sentir" le brouillard.

Les travaux sur papier de Breedveld constituent un volet inscrit dans un projet conséquent. La différence avec les œuvres sur toile est la conséquence logique du fait que dans ses peintures elle travaille toujours avec les éléments suivants : la matière, la couleur, la couche et la bande horizontale. Donc, si d'autres matériaux sont utilisés, le résultat doit être différent. Cette spatialité inhérente aux matériaux correspond à un horizon qui ne se présente plus comme frontière. Il ne s'agit plus d'un espace que le spectateur imagine être ailleurs, limité par un extérieur. À présent, c'est un espace dans lequel le spectateur se laisse complètement absorber.

1
Fer, Briony, *Poussière/Peinture : Bataille on Painting.* in: *On Abstract Art,* New Haven and London : Yale University Press, 1997, p. 77-92.
2
Deleuze, Gilles, Félix Guattari, *A Thousand Plateaus. Translation and foreword by Brian Massumi.* Minneapolis : University of Minnesota Press, 1987, p. 575.
3
Rajchman, John, *Another View of Abstraction.* in: *Journal of Philosophy and the Visual Arts* 5, 1995, p. 19.
4
'Thus, in the "minority" of Kafka, the "chaosmos" of Joyce, the "épuisements" of Beckett, he (Deleuze) identifies an abstraction quite different from the self-purifying kind — that of those "abstract machines" that push art forms beyond and beside themselves, causing their very languages, as though possessed with the force of other things, to start stuttering "and…and…and…". He connects this stuttering abstract "and" not with dying or heroic self-extinction, but with a strange an-organic vitality able to see in 'dead' moments other new ways of proceeding. And *this* sort of vitality, this sort of abstraction, he thinks, is something of which we may *still* be capable, something still with us and before us.' Rajchman, ibid., p. 17-18.
5
'to attain an "outside" of other odd connections through a free abstract AND, which takes over the movement of the film.', Rajchman, ibid., p. 19.
6
Conversation de l'auteur avec Marian Breedveld, Tilburg, 20 juin 2006.
7
Breedveld, Marian, Irene Veenstra, *Twee gesprekken aan een tafel.* [Rotterdam : Marian Breedveld], 2000, s.p.
8
Conversation de l'auteur avec Marian Breedveld, Tilburg, 20 juin 2006.
9
Breedveld, Marian, Irene Veenstra, *Twee gesprekken aan een tafel.* [Rotterdam : Marian Breedveld], 2000, s.p.
10
Breedveld, Marian, Irene Veenstra, ibid., s.p.
11
Breedveld, Marian, Irene Veenstra, ibid., s.p.
12
Cette définition renvoie aux principes sémiotiques (et linguistiques, son domaine primaire) de Ferdinand de Saussure. Voir son ouvrage: 1983 *Course in General Linguistics.* Ed. Charles Bally and Albert Sechehaye, translated and annotated by Roy Harris. London: Duckworth.
13
Cette définition qui renverse l'ordre chronologique rappelle le concept de 'preposterous history' de Mieke Bal. Voir son ouvrage: 1999 *Quoting Caravaggio: Contemporary Art, Preposterous History.* Chicago: University of Chicago Press.

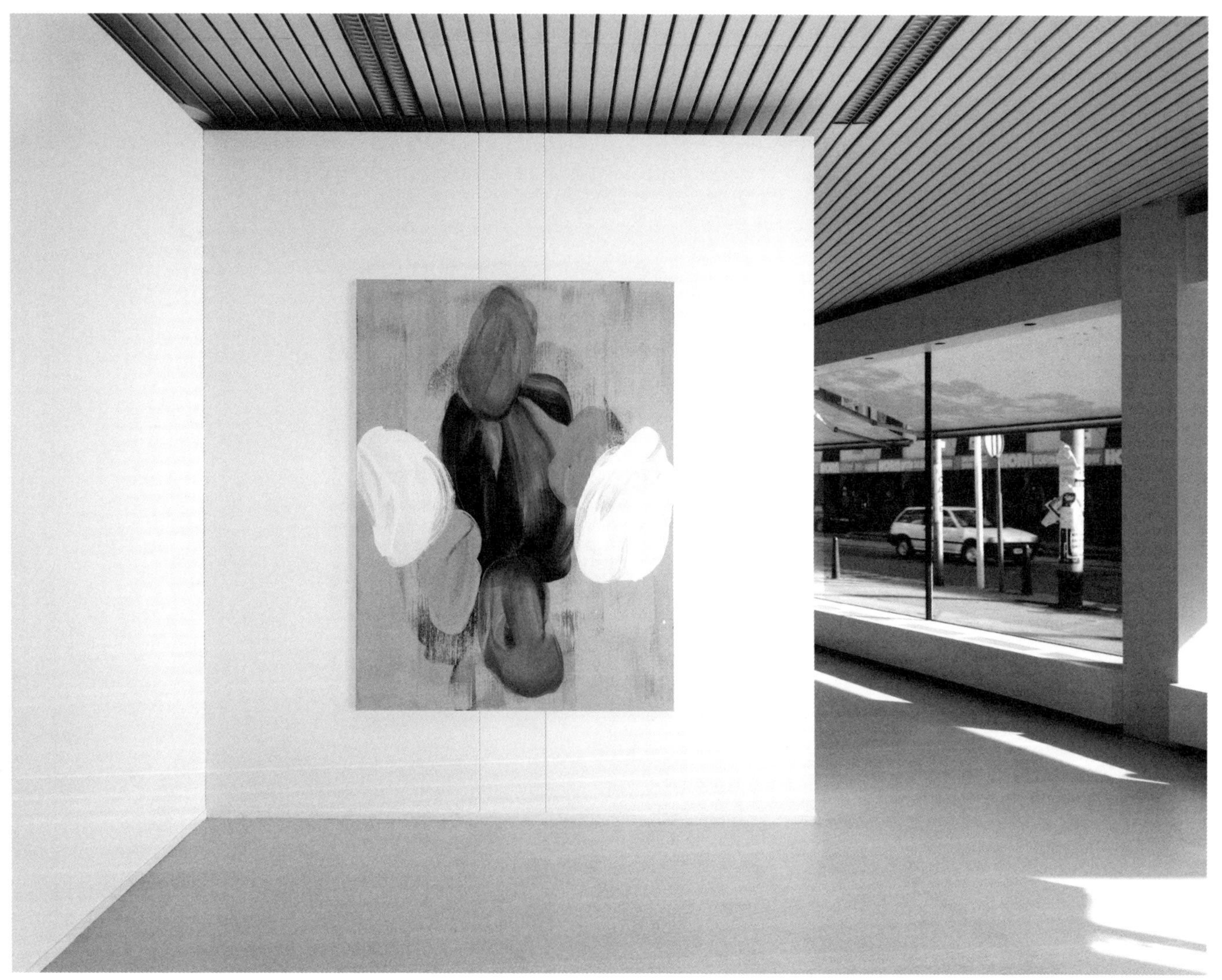

It's what I do that teaches me what I seek.
Pierre Soulages

After twenty years of artwork filled with radiance and lucidity, and engaged in ongoing self-inquiry, what is there to say? First of all, that one should expect nothing of Marian Breedveld's work other than the work itself. About the artist herself, the paintings convey nothing, or very little. But rather than confronting us with an enigma, the paintings challenge us with a stream of questions such as: why are you here staring at us? what are you looking for? and what have you really managed to perceive? You might retort that it is the artist, through her meticulous way of exhibiting, who lures us to peek at her work. Doubtlessly so, but as soon as our eyes graze the surface of one of her paintings, the work at hand unfailingly absorbs and aspirates us, so overwhelmingly as to dissolve the reason we came to the show in the first place. All that remains is the painting-at-work, which pursues successive or interwoven periods, from the early horizontal 'Bonnardian' gradations to the recent vertical contrasts that are nearly fluorescent.

There is nothing here other than painting in itself, harnessing its ability to render the surrounding space vibrant and sensitive, to make it cohere and unravel. When I elicit the sensitive, I mean its many aspects. The senses of course, with vision at the helm, but not merely; seeing is not all-mighty! The paintings have a conspicuous materiality. They involve multi-layered paint, i.e. the actual paint substance, thereby divulging the full scope of the artist's gesture. A gesture that is long and slow, at once supple and packed, vigorous and decisive, yielding a thick ridged surface that verges on mental tactility in how the contact of paint-layers on the canvas is felt almost physically, like the irregular relief of horizontal grooves generated by how the paint is spread on; the cause and the outcome, the origin and the end. And then the colour, the colours. The subtle interplay of colours that is the hallmark, rightly or wrongly, of Marian Breedveld's work. The magic lies in the layering, which is both superimposed and juxtaposed, at some times harmonious and at others clashing, and thus gradated or contrasted. And this relationship between layers is what gives each work its own unique vibration and shimmer, its melodic line and timbre, whether light or dense. As a result, rhythm and space tap the artwork's beat. It is this secret alliance between matter and colour, like a perfume or flavour that may be sweetish or sour, evanescent or gripping.

This all imbues the paintings with a sensuality that is paradoxical, or at least surprising; a physicality where pleasure is never absent even when hampered. And never has the body of painting donned a skin of paint so rich, intense and active, even when seemingly elastic and taut, translucent and pallid, sometimes pleated and clustered, pinched and scarred. All the more so in how this painting-body is often body-size. Horizontally, it spans two outstretched arms, or the vastness of a single brushstroke. Vertically, it spans our gaze warping and reintegrating someone 'from toe to head' and 'from head to toe'. The smaller works thus lead to proximity, to taking in details, to an organic presence.

Sensoriality, sensuality, and of course sensation. Each painting is a rush of sensations. Pure sensations insofar as no representation, figuration, image, motif or signification ever occurs. What there is to see coalesces in what you want to perceive. However, what there is to feel and experience flows over and beyond the painting's frame. Whatever goes on seems to produce a self-contained space, an ever-expanding space, like an environment that would hold us viewers utterly captive.

And then there's the light. The inner light of the paint, that subtle and shifting luminescence characteristic of colours and emphasized by the assonance of their concord or the dissonance of their clash. And this vitality, this almost electric energy, is what Marian Breedveld's work emits nowadays. But there is also an outer light, the light that drapes the paint in order to embody the relief-work, by singling out the different thicknesses, by highlighting transparencies and opacities.

Why go looking at Marian Breedveld's paintings? What is there to seek? And what to do with what we find?... Because we belong to the world and because we adjust the pace of our existence to the passage of time. Here and now, in Marian Breedveld's paintings, time elapses and strums by with a vitality, intensity and energy that we are compelled to share. Little does it matter if we never figure out what steers it or where it's going. This elsewhere, this daring unknown conjured by the artwork, and which is none other than the work we are facing, is much closer to us than a great many other 'real' objects, because its presence triggers the realm of the sensitive and, beyond, to what the sensitive unleashes of time and space, silence and speech, experience and knowledge. In other words, the sensibility that flows from the senses.

While abstract art has played a decisive role in the history of twentieth-century art, the discussion concerning abstraction continues to be of a somewhat rudimentary nature. Abstraction is generally considered the opposite of figuration. A work becomes abstract art when it fails to be figurative, narrative or illusionist. Abstraction is thus defined mainly via negative logic: it is removed from, or does not acknowledge, that which is generally regarded as being art.

This negative logic plays a dominant role in the way in which artists, critics and art historians discuss the two best-known manifestations of abstraction in the art of the twentieth century. First of all, these focus on the significance that abstraction had for the constructivist representatives of the historical avant-garde, this pertaining chiefly to the work of Mondriaan, Malevich and El Lissitzky. Abstraction then stands for purification. It concerns a process that depletes the image of concrete forms so that pure and essential forms remain. One could say that the abstraction of forms results in Form, since the pure and essential forms which are the result of abstraction are of an ideal nature. They are to provide access to a higher, metaphysical dimension.

This pre-war, European model of abstraction was followed, during the fifties and sixties, by a primarily American model. This model was articulated, in particular, by critics such as Clement Greenberg and Michael Fried and was applied to the art of abstract expressionism. They explained abstraction largely (in the case of painting) as an exploration of the pictorial space of the flat surface or (more generally) as one of the components of a specific medium. This exclusive concern for that which defines a medium is of a negative nature as well. The prime focus is an exclusion of those elements which a medium shares with other media.

The art historian Briony Fer has shown, however, that there is yet a third discussion on abstraction existing on the fringes of these two dominant ones.[1] In essays for the surrealist magazine *Documents* George Bataille writes about the abstract work of Miró, Masson and Picasso as though these take us into a modern subconscious, a dark realm shaped by trauma, loss and castration. And so this, too, involves a view of abstraction which comes about according to a negative logic. Bataille's surrealist argument differs, though, from the more dominant ones, because it explains abstraction on the basis of themes and concepts from psychoanalysis. This implies that abstraction is hereby no longer being understood on the basis of a metaphysical context, as it is with the constructivist branch of the historical avant-garde, or within a medium-oriented context, as is done by Greenberg and Fried, but in terms of subjectivity and the conscious/subconscious.

At first this surrealist discussion of abstraction seems to become part of a fourth discussion, namely the popular discussion about post-war abstraction. That popular discussion regards the abstractness of abstract expressionism mainly as the purest or most intense manifestation of a form of expression. The artist no longer expresses himself via the detour of representation; expression is reduced to its essence, namely an intensity that asserts itself as an 'abstract' force. But the similarity between the popular discussion on post-war abstraction and the surrealist discussion is deceptive. Whereas surrealism actually contains a criticism of thinking in terms of the individual subject, the popular argument on abstraction actually consists of a return to or a continuation of a romantic view of art and artistry in terms of the individual expression of the artist. The popular discussion of abstraction is, for that matter, completely antithetical to the three critical discussions that I have distinguished so far. For as different as those three discussions are – the purist model of the European avant-garde, the medium-oriented model of

American post-war critics and the surrealist discussion in terms of a modern subconscious – each of them aims to present an alternative to thinking about art in terms of individual expression.

That common element makes the three critical arguments on abstract art (as opposed to the popular one) interesting. What they also have in common is a definition of abstraction based on negativity. It is precisely this aspect which the philosophers Gilles Deleuze and Félix Guattari oppose in their attempts to redefine the function of abstraction and thereby that of abstract art as well. In their jointly written publications *Mille Plateaux* (1980) and *Qu'est-ce que la philosophie?* (1991) they develop a view of abstraction which is founded not on negative, but on positive logic. Abstraction is no longer seen in opposition to figuration. Nor does it have anything to do with trauma or castration. Abstraction is not an act or process that renounces concrete forms; abstraction is the very *basis* of form. In that sense abstraction is more concrete than figuration.

Referring to the work of Jackson Pollock, for example, they argue that this revolves around the problem of expressing something which might not be figurative. Abstraction is imbued with the awareness that there is a world of possibilities *beyond* the existing forms. In abstraction, new and potential forms are introduced. The ultimate consequence of this line of thought is that all art is abstract. Figuration is then the result of certain forms of abstraction, rather than being the prerequisite for this.[2]

This view of abstraction is accompanied by totally different types of questions. No longer does it involve questions such as 'how can essential forms be derived from concrete, existing forms?' but rather questions along the lines of 'under what conditions can new, singular forms, beyond those that already exist, be produced?'[3] This question is to be regarded as the central issue of modernism, according to Deleuze and Guattari. Modernist artists and writers grapple with the issue of how to paint and write about forces and possibilities that (still) linger beyond all existent forms.

On the basis of this line of thought, the texts of writers such as Kafka, Joyce and Beckett are also examples of abstract thought. In the words of Rajchman:

'Thus, in the "minority" of Kafka, the "chaosmos" of Joyce, the "épuisements" of Beckett, he [Deleuze] identifies an abstraction quite different from the self-purifying kind – that of those "abstract machines" that push art forms beyond and beside themselves, causing their very languages, as though possessed with the force of other things, to start stuttering "and...and...and...". He connects this stuttering abstract "and" not with dying or heroic self-extinction, but with a strange an-organic vitality able to see in "dead" moments other new ways of proceeding. And *this* sort of vitality, this sort of abstraction, he thinks, is something of which we may still be capable, something *still* with us and before us.'[4]

With this 'stuttering' Rajchman is referring to the moment, in the reasoning of Deleuze and Guattari, at which language is not yet language. The disintegration of language, or the inadequacy of it, is not an effect in retrospect but one which points to a language not yet possible.

In his *Logique de la sensation* Deleuze also discusses the films of Jean-Luc Godard as examples of abstract art. Godard's films are abstract to Deleuze not because the context ceases to be narrative in the conventional sense and is, instead, self-referential to a large degree. They are abstract because they are comprised of a wide range of elements, a variety of discourses, past and present, and because these are combined in such a way that a non-narrative continuity is created. The abstraction is therefore not the result of a renunciation of the narrative, but that of the attempt 'to attain an "outside" of other odd connections through a free abstract AND, which takes over the movement of the film.'[5]

Through the line of thought inherent in the classical critical discussions on abstraction, the monochrome painting, or even more extremely the void canvas, is the ultimate example of abstraction. As the result of purification it is an absolute end point, in the words of Beckett an 'end-game'. But to Deleuze and Guattari the monochrome or virgin canvas is not a manifestation of the utmost reduction; it is not so much 'empty' as it is 'intense'. And intense means that it is full of the unprecedented, unseen potential of un-known possibilities. In order to envisage this potential, art must be blind – that is to say, blind to the forms that are already existent and acknowledged. And this is precisely what determines the paradox of abstract painting: in an abstract painting we experience the frontiers of the visual, or rather the blindness of painting. What have taken shape are invisible, abstract, previously unarticulated forces and possibilities.

How productive is this notion of abstraction in relation to the work of Marian Breedveld? What drives the form of abstraction that characterizes it? Since the late Nineties her work is first of all characterized by the repeated, horizontal brush stroke. The sub-stance of the painting is the result of the fact that this identical movement is consistently repeated. This repeated gesture applies layer over layer, colour over colour. In the tradition of abstraction, however, the visible brush stroke and the gesture that causes it, is usually seen as a manifestation of the hand of the painter. The work of abstract expressionist Willem de Kooning is a good case. With the visibility of this gesture the artist is supposed to make himself present within the painting itself. The visible brush stroke is in that sense automatically connected to expressionism. This is, however, not at all the case for Breedveld's horizontal paint stroke. At a certain moment she has began to paint horizontal lengths in order to minimize the form created by a brush stroke. By means of this systematic approach she lays bare the space that is opened by the paint stroke. This approach is conceptual rather than expressionistic. For, according to the clichés individual expression can never be restricted by such arbitrary limitations. The idea of freedom of expression is emphatically countered. Instead, we see a gesture that must rather be seen as ritualistic and the result of a process. It is precisely by the repetition of the same gesture, in this case the horizontal brush stroke, that her work develops.

The horizontality of the brush stroke is not important as such. Although the horizontal movement creates very specific asso-ciations, such as the horizon or a landscape, it is more important that the brush stroke is elementary, that is, that is seen *as* brush stroke. In the words of Breedveld: 'I want to present the brush stroke as much as possible as brush stroke.'[6] This fundamental approach to painting is inescapable when we compare her horizontal works with her earlier work that she made in the early nineties. These works were the result of a brush stroke that made the movement of a circle. Like the horizontal movement the round movement has no meaning in itself. 'You can make it without thinking and repeat it.' Whatever kind of movement Breedveld makes with the brush, the painting that results of it is emphatically the result of a process, of a repeated gesture, in short, of brush strokes:

'It looks like a meditative occupation: in the concentration of your thoughts the screen of images that you carry with you is emptied. Thus space comes about to summarize experience, to condense them into something that is tangible. When I work on a painting I am completely without thoughts, like when I am in a landscape. I am then busy with the material. I work myself through it strenuously. These are thoughtless moments, without illusions, just a course from a particular point somewhere in space towards a provisional closure.'[7]

Whereas the subject of Breedveld's painterly project emphatically consists of the basic elements of painting – the brush stroke, the materiality of paint, the colour of paint – the result is far from formalistic. Breedveld herself says the following about this: 'I have a fundamental approach of painting. But the ultimate result transcends it, the fundamental approach is just a starting point.'[8] From the perspective of the standard vision on abstraction it is rather paradoxical that her later work again and again evokes 'landscapic' associations. This is because of the horizontal format of her paintings, because of the repeated horizontal brush stroke, but also because of the role played by light in combination with the horizontal character of the work. Suggestions of wide vistas come about, consisting of an interaction between light and water, light and clouds, light and matter. In spite of painting's future as advocated by critics like Greenberg and Fried, the space of the painting evokes here an illusion of spatiality. The flatness of the painting is denied. From a formal perspective this is the result of the emphatic layeredness of the work. But the effect of this on the viewer is that she cannot determine where the surface of the painting is. A dimension of spatiality comes about that cannot be easily located either behind or before the canvas. This makes it difficult to focus the eye. The space yields in both directions. As a result the gaze remains unfocussed, as when we watch an object that is immersed in fog.

Yet this suggestion of 'the landscapic' does not imply that abstraction is no longer at stake and that we have returned to the illusionism of figurative art. First of all, because what we have here is not a representation of a landscape. It concerns the inducement of qualities, which have 'landscapic' characteristics. But at the edges of the painting the viewer's gaze is confronted with the fact that this is just an effect that has been established by the repeated layering of several colours of paint on top of each other. At the edges we end up again in the matter of paint, no longer in that of a landscape. Breedveld:

'It is possible to see a landscape in my recent paintings, filmy vistas, but at the edges there is again the surface, just surface, where you feel that you are present. I don't want viewers, as inner and groping organisms, to lose themselves in the illusion of a representation. There, at the edge of the painting, I revise forcefully the possibility that the illusion would win of concrete presence, of the concrete act. But the illusion is a fascinating power. People are very conscious of that power in their dress and make-up, but you can also recognize it in birds in their rites of seduction. It is a power that has a lot of possibilities of exacting attention from the viewer.'[9]

Whereas in realism the illusion comes about by denying the materiality of paint, by displacing the attention to the representation and transcending the paint as matter, the illusion of the 'landscapic' in Breedveld's work is completely and emphatically anchored in the materiality of paint and colour.

The 'landscapic' qualities of Breedveld's work demonstrate the inadequacy of the discourses on abstraction discussed earlier. The negative logic of them utterly fails in confrontation with her painting. The abjuration of illusionism is here not the precondition for realizing the project of abstraction. On the contrary, illusionism is a possibility opened up by abstraction.

The form of abstraction realized in Breedveld's work refrains also emphatically from analysis or access to a real or metaphysical world. Her work seeks to be experienced as a concrete reality in itself: 'The painting is, when it is finished, a place to which I feel connected.[…] This is the scene of action, it can be displaced, but not replaced, a world lived through. That what is, had to be there.'[10] That is why the illusionism in which her work results, is not a movement away from the work, but it is completely anchored in the work as presence. It implies a recognition and reconfirmation of that presence.

Standing in front of one of Breedveld's paintings it is immediately clear that the work was not made on an easel, but flat on the ground. The left and right hand sides of her paintings show that clearly. The paint has evidently gravity and the weight of it makes the paint hang to the ground. So, the moment that the painting is hang on a wall, the frayed edges point to the wall. This characteristic of Breedveld's work is more than a formal feature. It is a fundamental step by means of which Breedveld takes distance from a long tradition in Western art in which the position of the artist in relation to the canvas on the easel is the model for the visual project that is being realized within the painting. The artist (and viewer) is being reduced to an eye and the painting becomes the visual horizon of that eye. At the moment that painting is conceptualized in this way, figuration, an illusionist relation to reality and distance towards that reality by means of perspectivism, is the almost automatic result.

Like Jackson Pollock, Breedveld places the canvas not as a visual horizon in front of her, but as a material, tactile ground underneath her. This implies a basis, that is, a starting point of her painterly project, of a fundamentally different order. First of all, the painter is not reduced to an eye. The different, in fact difficult positioning in relation to the canvas activates different senses. For, the physical weight and because of that, the materiality of the paint suddenly play a crucial role. In addition the frontal perception of the canvas does no longer coincide with a view on a visual horizon *in* or *on* the canvas. The visual horizon has yielded to the painting as ground. And 'ground' here should be taken as the bodily position of the canvas in relation to the artist, as well as starting point for a painterly project. This ground defines the painting not only as purely visual, but as tactile, or better, as multi-sensual matter.

In Breedveld's paintings the fact that paintings are material, that is, consist of paint, is emphasized most emphatically. Paint is no longer a *means* to illusionism to which the viewer's attention does not have to be focused. On the contrary, paint as matter has become the subject of the painting. This is one of the meanings of the thickness and layeredness of the work. The layers of paint on top each other do not create an image in the sense of a representation, but produce a substance. It is the material substance of the paint that leads to sensation. The layeredness of the substance is indispensable for this:

'What matters to me is what happens at the surface as a result of what is underneath: the paint, the traces of movements, the colours, the mixtures, everything is in touch with the surface. Looking at the painting, it is perceptible that underneath the surface something else exists. I paint layer after layer until a marked painting comes about, until I have all the layers in my grasp. Everything which is under the surface, is being cherished and is absorbed in the final image that is visible and is hanging on the wall.[…] It is perhaps strange to talk about the quantity of paint, but it is of great importance for the ultimate result. I know that there is a moment during the painting process, at which a maximum tension has come about between the quantity of paint and the surface. The depth is tangible then, the spatiality, and then the sensual nature of matter become perceptible. This turn from surface to depth and to width is at first a physical experience. Later, the emotional connection to it follows.'[11]

For Breedveld, a single layer of paint is too lean. By painting layers wet over each other she achieves a kind of viscosity, a resistance in the material. She paints 'through' the fresh layers of paint so that they blend. Only at that moment she really begins to relate to the paint as material.

At the same time, the emphatically layered substance is limited. Yet, the outer layer is not a layer that covers the work: what is underneath matters. The surface of the painting presents itself as an elastic skin. This skin is tightly stretched and forms the boundary between inner and outer. On the one hand it protects, because it shields. On the other hand the skin is an in-between area that mediates sensations, from inside to outside and the other way around. The surface of the skin also suggests a dimension under the skin. The traces of colours applied earlier, of earlier brush strokes are in touch with skin of paint that covers them. The surface is determined by that which is underneath it. Thanks to the fact that the paint of Breedveld's paintings manifests itself so emphatically, viewing her work is more than a visual experience. For, the skin is utterly tactile. Looking at her work tactile experiences come about. Thus the painting appeals to an integration of the different senses, by means of what in rhetoric is called synaesthesia.

Because of the fact that for Breedveld the materiality of paint is an important starting point, it is not surprising that her works from 1995 until 1997 present themselves as 'earthly'. The colours that dominate are brown, mud-like colours. Although different, lighter colours shine through the mud colours, but the brown-grey colours dominate. The earthly colours seem to be the consequence of emphasizing the materiality of paint and of the repetition of the same brush stroke. For, when layer after layer is applied on top of one another and the colours begin to blend, the resulting colour is brown. When in her works from 1999 on the mud colours are exchanged for more pure, light and bright colours, this change implies a displacement of emphasis in her fundamental approach to painting. The brush stroke as act, although still performed, is less central. Instead of that performative aspect the attention is more focused on colour, the most immaterial aspect of painting and its effects.

The foregrounding of colour – as subject – does not, however, imply that Breedveld has begun a systematic analysis or research of colour. Her choice of certain colours is not based on systematic principles, but is intuitive. She does not have a preference for certain colours or a repulsion to colours that are taboo. All colours are similar to her. Whereas artists like Alberts or Kandinsky had a more technical approach to colour and saw each colour as being part of a system, her approach is rather phenomenological or intuitive. What concerns her are not the colours as such, individually, but the differences between colours, the nuances and graduations. As a result, the value of a colour comes about differentially: their value depends on other colours, on the difference with other colours. The most interesting are those colours that cannot be named or labelled anymore, because they are situated in the most literal sense 'in-between' the known colours, those already recognized.[12]

The light and bright colours that dominate her work since 1999 are also present in the material darkness of the earlier work with the mud colours. And as the mud colours strengthened the idea of materiality, similarly the light and bright colours introduce the idea of light. Light, as on the one hand not heavy, but on the other hand as the opposite of dark. This element of light seems to be in tension with that of materiality. In the tradition of painting, light is usually seen as the transcendence of the materiality of paint; it concerns an effect or illusion caused by means of paint. Light is not a characteristic of paint as such. From the perspective of the history of art Breedveld seems to have set herself an impossible task. According to that history light is immaterial; it is the denial or transcendence of matter. The question is, however, if this notion of light can still be applied to Breedveld's work.

By means of light Breedveld has started a dialogue with art history. Rembrandt represented light by means of the technique of *chiaroscuro*, by illuminating intensely certain parts of a scene and leaving the rest in invisible darkness. Earlier, Caravaggio had already established his name as a chiaroscuro artist, as the illusionist of light. He represented light by creating extreme contrasts in dark and light colours. In the case of both artists the illusion of light is produced as an effect: it concerns a representation of light. Their paintings are not themselves sources of light. In Breedveld's work, however, light seems to be located *in* the materiality of paint. Light shines out of the layered materiality of the paint. It are the nuances and graduations in colour *difference* which produce light. Like an alchemist she succeeds in bringing to light this immaterial quality. For, in her case she is not concerned with the illusion of light in the sense of a representation of it. She is, rather, concerned with the production of light out of paint and colour as raw materials. Letting light shine out of the paint she seems to say that so far we have looked at Caravaggio and Rembrandt too much in terms of representation and figuration. When we look at their work from the perspective of Breedveld's, we can now also see how light, in their work already, is coming out of the paint of their works.[13]

Breedveld's differential use of colour also has consequences for how she hangs her works in exhibitions. Her orderings differ radically from the classical, modernist way of hanging, according to which each work should be seen individually and autonomously. This modernist view implies that each work should be presented as isolated as possible from other works. Although such a way of hanging is very well possible with Breedveld's paintings, the horizontal brush stroke opens up other possibilities. In fact, the horizontal movements do not come to an end at the edge of the painting. In their movement the paintings reach out to each other. Spatially they are connected to each other. When this spatial interconnection between the individual works is exploited by placing them consciously in relation to each other, they also begin to *work* in relation to each other. One work, then, becomes a counter work for another, whereas gradual differences and transitions between works also become visible. Comparable to the image on the well-known Droste cacao box the wall with a composition of several works becomes a *mise en abyme,* summing up of each individual work. For, as how colour in each individual painting works differentially, similarly the paintings work in relation to each other.

In 2004 and 2005 Breedveld has made two series works on paper. These series differ in several respects from her works on canvas. For example, she did not use oil paint, but acrylic. And although also these works are layered, the layeredness does not result in the substance of materiality. The two series concern particularly the application of *colour* by means of the familiar horizontal brush stroke. It is not the materiality of paint that is foregrounded because the paint is absorbed by the paper. She has used eight colours, four on each sheet in shifting combinations. Like her paintings, which show the used colours in pure form at the edges, also the works on paper present the colours in pure form at the edges. For the rest the colours have blended as a consequence of the fact that they were applied at the same moment. At those places where the colours blend an extreme spatial effect comes about. This spatial dimension is visually hazy and tactilely like cotton wadding. An illusion of volume has been caused that yields to the back as well as coming to the front.

The difference in used materials has enormous consequences for the mode of looking activated by this work on paper. The elastic skin of oil paint has a sheen that reflects back the gaze of the viewer. The idea of skin as screen is activated. Sheen and reflection are, however, absent in the works on paper. The surface is dull. The gaze of the viewer is absorbed by it instead of reflected. Like the paint, which was absorbed into the paper, subsequently the same happens to the gaze. Ads a result the association with skin is no longer at stake. The kind of spatiality that is activated is of a different nature. The spatiality is again intensely tactile. Precisely because of the fact that the eye is not able to focus on the surface, other senses are activated. One feels the colours, in the way fog appears to be tangible.

Breedveld's work on paper is a variation within a consistent project. The way they differ from her works in oil on canvas is the logical consequence of the fact that the players in her work are always the same: the materiality of paint, colour, and the brush stroke. So, when different materials are being used, the outcome must be different. The spatiality enclosed in these materials consists of a visual horizon that does not present itself as ultimate boundary. It does not concern a space that the viewer supposes to be else-where, or a space into which he looks while being outside. To sum up my interpretation of the intervention of Breedveld's work in the tradition of painting: she creates a space into which the viewer is immersed.

1
Fer, Briony, *Poussière/Peinture: Bataille on Painting*. in: *On Abstract Art*, New Haven and London: Yale University Press, 1997, pp. 77-92.
2
Deleuze, Gilles, Félix Guattari, *A Thousand Plateaus. Translation and foreword by Brian Massumi*. Minneapolis: University of Minnesota Press, 1987, p. 575.
3
Rajchman, John, *Another View of Abstraction*. in: *Journal of Philosophy and the Visual Arts* 5, 1995, p. 19.
4
Rajchman, ibid., pp. 17-8.
5
Rajchman, ibid., p. 19.
6
Conversation of the author with Marian Breedveld, Tilburg 20 June 2006.
7
Breedveld, Marian, Irene Veenstra, *Twee gesprekken aan een tafel*. [Rotterdam: Marian Breedveld], 2000, n.p.
8
Conversation of the author with Marian Breedveld, Tilburg 20 June 2006.
9
Breedveld, Marian, Irene Veenstra, *Twee gesprekken aan een tafel*. [Rotterdam: Marian Breedveld], 2000, n.p.
10
Breedveld, Marian, Irene Veenstra, ibid., n.p.
11
Breedveld, Marian, Irene Veenstra, ibid., n.p.
12
This formulation obliquely points to the principles of semiotics (and of linguistics, his primary area) of Ferdinand de Saussure. See his 1983 *Course in General Linguistics*. Ed. Charles Bally and Albert Sechehaye, translated and annotated by Roy Harris. London: Duckworth.
13
This formulation that reverses the chronological order recalls Mieke Bal's concept of 'preposterous history.' See her 1999 *Quoting Caravaggio: Contemporary Art, Preposterous History*. Chicago: University of Chicago Press

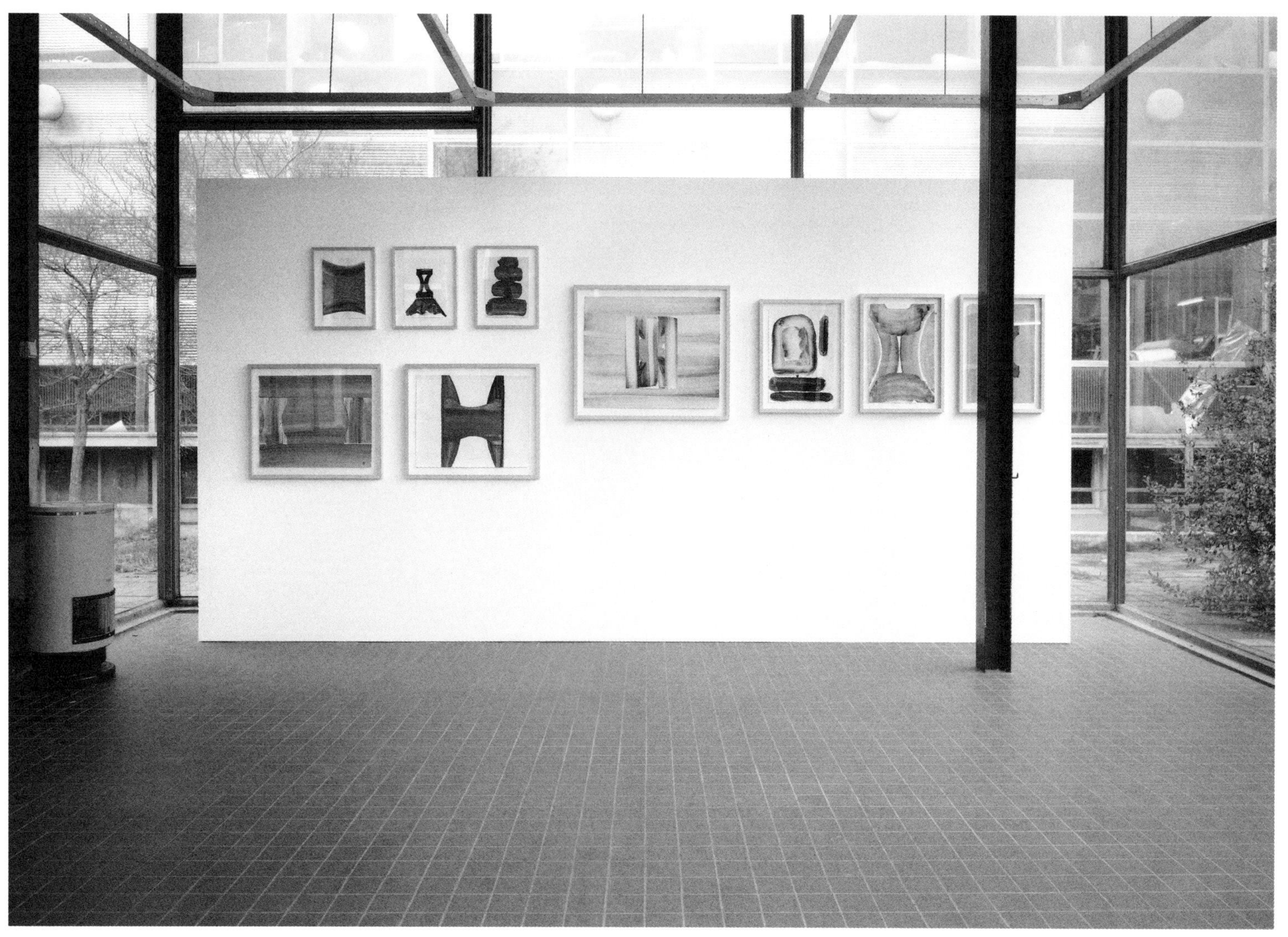

Das, was ich mache, lehrt mich das, was ich suche.
Pierre Soulages

Was kann man nach zwanzig Jahren eines ebenso frischen wie klaren Werkes, das sich immer wieder Fragen über sich selbst stellte, darüber sagen? Nun, zunächst, dass man beim Werk von Marian Breedveld nichts anderes erwarten darf als das Werk selbst. Und auch über den Autor sagen diese Werke nichts aus, oder nur ganz flüchtig. Aber es ist weniger ein Rätsel, das uns diese Bilder stellen, als vielmehr eine Folge von Fragen, die an uns gerichtet sind. Fragen wie: Weshalb kommen Sie heute vorbei, uns zu betrachten? Was suchen Sie hier? Was haben Sie von uns wahrgenommen? Worauf Sie mir antworten könnten, es ist die Künstlerin selbst, die uns durch ihre Accrochagen und präzise arrangierten Ausstellungen auffordert, einen Blick auf ihre Arbeit zu werfen. Gewiss, doch sobald unser Blick auf die Oberfläche eines ihrer Bilder fällt, wird er von diesem Werk unweigerlich angezogen und aufgesaugt, so dass der eigentliche Beweggrund, weshalb man eine Ausstellung besucht, keine Bedeutung mehr hat. Es bleibt die Malerei selbst, wobei verschiedene Perioden aufeinander folgen oder sich vermischen, von den ersten horizontalen 'Bonnardschen' Abstufungen zu den neueren, quasi fluoreszierenden, vertikalen Kontrasten.

Es geht hier also um die Malerei selbst, um ihre Fähigkeit, den Raum, der sie umgibt, zum Vibrieren zu bringen und ihn spürbar zu machen, ihn zu erschaffen und wieder aufzulösen. Und wenn ich die Empfindsamkeit thematisiere, so meine ich damit alle Schattierungen des Sensiblen. Etwa jene der Sinne natürlich, allen voran jene des Sehsinns. Aber nicht nur. Der Sehsinn ist nicht allmächtig! Da ist vor allem auch die Materialität ihrer Bilder. Die Abfolge von Schichtungen von Farbe, aus denen sich die Werke zusammensetzen – und hier spreche ich von der Farbe selbst als Material und nicht von der Bildfarbe – vermittelt uns die Schwingung der Geste der Künstlerin. Eine lange und langsame Geste, zugleich weich und üppig, kraftvoll und entschlossen, die eine dichte und gestreifte Oberfläche erzeugt, eine Art mentaler taktiler Intensität, so sehr empfindet man geradezu physisch den Kontakt der Farbschichten auf dem Bild, wie das Relief horizontaler Furchen, das sie in ihrer horizontalen Ausdehnung bilden, Ursache und Folge, Anfang und Ende. Dann die Farbe, die Farben. Jenes subtile Spiel der Farben, das zu Recht oder Unrecht das Werk von Marian Breedveld bestimmt. Die Magie dieser Beziehung von Abfolgen zueinander, die zugleich Überlagerungen und Überschneidungen darstellen, manchmal in Harmonie, manchmal in Kontrasten, als Abstufungen oder als Gegensatz, die jedem Werk seine eigene Schwingung und sein so besonderes und einzigartiges Leuchten verleiht, seine melodische Linie und sein Timbre, leicht oder verdichtet. Und sie bestimmt in ihrem Werk auch, wie Rhythmus und Raum den Takt ihres Werkes vorgeben. Dadurch entsteht diese geheime Verbindung zwischen Materialität und Farbe, so wie zwischen Parfum und Geschmack, ein Duft und ein Geschmack, die manchmal süßlich erscheinen, dann wieder scharf, zuweilen flüchtig, dann wieder betörend.

Und dies alles verleiht ihren Bildern eine paradoxe oder zumindest überraschende Sinnlichkeit, eine Materialität, bei der die Lust nie fehlt, auch wenn sie eingeengt erscheint. Der Bildkörper hat eine reichhaltige, intensive und aktive Oberschicht, die zuweilen auch durchaus elastisch oder gespannt sein kann, durchscheinend und blutleer, manchmal auch faltig und zusammengezogen, gepresst und vernarbt. Und dieser Eindruck verstärkt sich auch dadurch, dass der Bildkörper oft der Größe unseres Körpers entspricht. Horizontal betrachtet entspricht dies ausgestreckten Händen oder der äußersten Weite einer ausgreifenden Geste. Im Vertikalen ist es, als würde das Auge eine Person 'von Kopf bis Fuß' und von 'Fuß bis Kopf' abschätzen und genau betrachten. Das kleinere Format suggeriert eher Nähe, die Anpassung an ein Detail, es ist gleichsam eine organische Präsenz.

Die Sinneswahrnehmung, die Sinnlichkeit und natürlich auch das Empfinden. Jedes Bild von Marian Breedveld ist ein Kosmos aus Empfindungen. Reine Empfindungen, in dem Sinne, dass es nirgends eine Darstellung, Figuration, ein Bild, ein Motiv oder eine Bedeutung gibt. Und das, was zu sehen ist, entspricht dem, was man darin sehen will, was zu spüren ist, sprengt hingegen den Bildrahmen, denn das, was hier geschieht, erzeugt einen eigenen Raum, einen Raum in permanenter Ausdehnung, ja quasi ein Umfeld, dessen Gefangene wir, die Betrachter, wären.

Bleibt noch das Licht. Das innere Licht, wie es der Malerei eigen ist, jenes subtile und in Bewegung befindliche Leuchten der Farben, das noch durch die Harmonie ihrer Zusammenstellung oder auch die Dissonanz ihrer Gegenüberstellung verstärkt wird. Und diese Vitalität, diese gleichsam elektrische Energie, die heute von ihrem Werk ausgeht. Aber auch das Licht von außen, jenes Licht, das sich auf die Malerei legt, um die Reliefhaftigkeit hervorzuheben, die unterschiedlichen Dichten zu betonen, und die Transparenz und Undurchdringlichkeit zu akzentuieren.

Weshalb betrachtet man die Werke von Marian Breedveld? Was sucht man darin? Und was macht man mit dem, was man darin findet?... Denn wir sind ein Teil der Welt, und wir regeln den Markt unserer Existenz über das Vergehen von Zeit. Hier und jetzt, in den Bildern von Marian Breedveld, vergeht die Zeit und wird rhythmisiert durch eine Vitalität, eine Intensität und Energie, die man gerne teilt. Es ist nicht wichtig, jemals herauszufinden, was diesen Zeitrhythmus bestimmt und wohin er geht. Dieses Andere, dieses abenteuerliche Unbekannte, das sie bezeichnet, und das eben jenes Werk selbst ist, das uns gegenüber steht, und das uns viel näher steht als viele andere Gegenstände des Realen, da es direkt Aspekte der Sinneswahrnehmung anspricht und darüber hinaus, wie sich diese Sinneswahrnehmung in Bezug auf Raum und Zeit, Stille und Wörter, Erfahrungen und Wissen öffnet, oder auch anders gesagt: was in dieser Sinneswahrnehmung an Bedeutung liegt.

Aufgenommen in die Abstraktion

Ernst van Alphen

Obwohl abstrakte Kunst in der Geschichte der Kunst des zwanzigsten Jahrhunderts eine folgenreiche Rolle gespielt hat, ist der gängige Diskurs über Abstraktion noch immer ziemlich rudimentär. In der Regel werden Abstraktion und Figuration einander gegenübergestellt. Ein Werk wird der abstrakten Kunst zugerechnet, wenn es nicht figurativ, nicht narrativ oder nicht illusionistisch ist. Abstraktion wird also hauptsächlich über eine negative Logik definiert: Sie distanziert sich oder verweigert sich dem, was Kunst üblicherweise ausmacht.

Diese negative Logik dominiert die Art und Weise, in der Künstler, Kritiker und Kunsthistoriker über die beiden bekanntesten Ausprägungen von Abstraktion in der Kunst des zwanzigsten Jahrhunderts sprechen.

In erster Linie geht es um die Bedeutung, die Abstraktion für die konstruktivistischen Vertreter der historischen Avantgarde besaß – also vor allem für das Werk von Mondriaan, Malevich und El Lissitzky. Dann steht Abstraktion vor allem für einen Reinigungsprozess. In diesem Prozess entledigt sich das Bild der konkreten Formen, so dass die reinen und elementaren Formen übrigbleiben. Man könnte sagen, das Abstrahieren von Formen führt zu Form', denn die aus der Abstraktion resultierenden reinen, elementaren Formen sind ideeller Natur. Sie sollten einen Zugang zu einer höheren, metaphysischen Dimension ermöglichen.

Dieses europäische Abstraktionsmodell der Vorkriegszeit wurde jedoch in den fünfziger und sechziger Jahren des zwanzigsten Jahrhunderts durch ein überwiegend amerikanisch geprägtes Modell ersetzt, das vor allem Kritiker wie Clement Greenberg und Michael Fried propagierten und das sich auf die künstlerischen Techniken des abstrakten Expressionismus bezog. Sie beschreiben Abstraktion in der Malerei vor allem als eine Erkundung des pikturalen Raums der Bildfläche oder – allgemeiner – als eine Erkundung der konstituierenden Elemente eines spezifischen Mediums. Auch diese ausschließliche Konzentration auf das, was ein Medium definiert, ist negativer Art. In erster Linie geht es um ein Ausschließen der Elemente, die nicht nur einem spezifischen Medium eigen sind.

Allerdings zeigte die Kunsthistorikerin Briony Fer, dass am Rande, dieser zwei dominanten Diskurse über Abstraktion noch ein dritter existiert.[1] Georges Bataille schreibt in seinen Essays für die surrealistische Zeitschrift *Documents* über das abstrakte Werk Mirós, Massons und Picassos in einer Weise, als bekämen wir durch diese Werke Zugang zu einem modernen Unbewussten, zu einem dunklen Raum, der von Trauma, Verlust und Kastration bestimmt wird. Also auch hier handelt es sich um ein Verständnis von Abstraktion, das einer negativen Logik entspringt. Batailles surrealistischer Diskurs unterscheidet sich jedoch von einem noch dominanteren Diskurs, dadurch, dass er die Abstraktion von Themen und Konzepten her beleuchtet, die aus der Psychoanalyse stammen. Das impliziert, dass Abstraktion nicht mehr von einem metaphysischen Rahmen her begriffen wird, wie es beim konstruktivistischen Zweig der historischen Avantgarde der Fall war, bzw. innerhalb eines medienorientierten Rahmens, wie bei Greenberg und Fried, sondern vom Aspekt der Subjektivität und des (Un)Bewussten her.

Auf den ersten Blick scheint dieser surrealistische Diskurs über Abstraktion auch in einen vierten Diskurs einzugehen, nämlich in die populäre Diskursdebatte über die Abstraktion der Nachkriegszeit. Diese populäre Diskussion sieht in der Gegenstandslosigkeit des abstrakten Expressionismus die reinste oder intensivste Ausprägung einer Ausdrucksform. Der Künstler bringt sich nicht mehr indirekt über die Repäsentation zum Ausdruck; Expression ist auf das Wesentliche zurückgeführt, nämlich auf eine Intensität, die sich als eine abstrakte 'Kraft' bemerkbar macht. Doch die Nähe des populären Diskurses über die Abstraktion der Nachkriegszeit zum surrealistischen Diskurs ist trügerisch. Während dem Surrealismus gerade eine Kritik an dem Denken innewohnt, das vom individuellen Subjekt ausgeht, besteht die populäre Abstraktionsdiskussion im Gegenteil in einer Rückkehr zur oder in einer Fortsetzung der romantischen Auffassung von Kunst und Künstlertum im individuellen Ausdruck des Künstlers. Die populäre Abstraktionsdiskussion steht im diametralen Gegensatz zu den bisher charakterisierten kritischen Diskursen. Wie verschieden diese drei Diskurse auch sein mögen, das puristische Modell der europäischen Avantgarde, das medienorientierte Modell der amerikanischen Nachkriegskritiker und der surrealistische Diskurs eines modernen Unbewussten, jeder von ihnen versucht eine alternative zu einer vom individuellen Ausdruck bestimmten Kunstauffassung auf zu zeigen.

Dieses gemeinsame Element macht die drei kritischen Diskurse über abstrakte Kunst (im Gegensatz zum populären) bemerkenswert. Gemeinsam ist ihnen jedoch eine rein negative Definition. Genau gegen diesen Aspekt wenden sich die Philosophen Gilles Deleuze und Félix Guattari in ihrem Versuch, die Funktion von Abstraktion und damit auch die von abstrakter Kunst erneut zu definieren. In ihrem *Mille Plateaux* von 1980 und in ihrem ebenfalls gemeinsam verfassten *Qu'est-ce que la philosophie?* von 1991 entwickelten sie eine Sichtweise der Abstraktion, die nicht auf einer negativen, sondern einer positiven Logik basiert. Abstraktion wird nicht länger als Gegensatz zur Figuration gesehen; sie hat auch nichts mehr mit Trauma oder Kastration zu tun. Abstraktion ist keine Handlung und auch kein Prozess, der konkreten Formen abschwört; Abstraktion *antizipiert* im Gegenteil die Form. In diesem Sinne ist Abstraktion konkreter als Figuration.

Vom Werk Jackson Pollocks wird beispielsweise gesagt, dass es sich mit dem Problem beschäftige, etwas auszudrücken, was möglicherweise nicht figurativ sein kann. Abstraktion ist von dem Bewusstsein durchdrungen, dass es eine Welt von Möglichkeiten *jenseits* der existierenden Formen gebe. In der Abstraktion kündigen sich neue, mögliche Formen an. Die äußerste Konsequenz dieses Gedankengangs lautet: Jede Kunst ist abstrakt. Figuration wäre dann das Ergebnis bestimmter Formen von Abstraktion, nicht deren Voraussetzung.[2]

Dieses Verständnis von Abstraktion bringt einen völlig anderen Typus von Fragen mit sich, nämlich nicht mehr Fragen der Art 'Wie können wesentliche Formen von konkreten, existierenden Formen abgeleitet werden?', sondern Fragen wie 'Unter welchen Voraussetzungen können neue, singuläre Formen jenseits der bereits existierenden Formen produziert werden?'[3] Deshalb ist dies für Deleuze und Guattari auch die zentrale Frage der Moderne. Bildende Künstler und Schriftsteller der Moderne ringen mit der Frage, wie man Kräfte und Möglichkeiten, die sich (noch) jenseits bereits existierender Formen befinden, malerisch bzw. schriftlich darstellen könne.

Von diesem Gedankengang aus sind auch die Texte von Autoren wie Kafka, Joyce und Beckett Beispiele der abstrakten Kunst. Oder wie Rajchman es ausdrückt:

'Thus, in the "minority" of Kafka, the "chaosmos" of Joyce, the "épuisements" of Beckett, he (Deleuze) identifies an abstraction quite different from the self-purifying kind – that of those "abstract machines" that push art forms beyond and beside themselves, causing their very languages, as though possessed with the force of other things, to start stuttering "and…and…and…". He connects this stuttering abstrakt "and" not with dying or heroic self-extinction, but with a strange an-organic vitality able to see in "dead" moments other new ways of proceeding. And *this* sort of vitality, this sort of abstraktion, he thinks, is something of which we may *still* be capable, something still with us and before us.' [4]

['Also bezeichnet er (Deleuze) mit den Begriffen der "Minorität" bei Kafka, des "Chaosmos" bei Joyce, der "Epuisements" bei Beckett eine Abstraktion, die völlig verschieden ist von der selbst reinigenden Art - nämlich jener der "abstrakten Maschinen", welche Kunstformen weit über sich und außer sich selbst hinaustreiben und damit ihre ureigene Sprache erst hervorbringen, als ob sie von der Kraft anderer Dinge besessen wären und zu stottern begännen "und ... und ... und ... ". Er verbindet dieses stotternde "Und" nicht mit Sterben oder heldenhafter Selbstauslöschung, sondern vielmehr mit einer eigenartigen, anorganischen Vitalität, die fähig ist, in "toten" Momenten andere neue Wege des Vorgehens zu entdecken. Und diese Art von Vitalität, diese Art von Abstraktion, denkt er als eine, zu der wir wahrscheinlich noch fähig sind, als etwas, das uns noch begleitet und vor uns liegt.'[4]]

Mit diesem 'Stottern' verweist Rajchman auf den Moment, in dem, in der Argumentation von Deleuze und Guattari, Sprache 'noch nicht ist'. Das Zerfallen von Sprache, ihr Versagen, ist demnach kein Folgeeffekt, sondern ein Hinweis auf eine noch nicht mögliche Sprache.

In seiner *Logique de la sensation* bespricht Deleuze auch Jean-Luc Godards Filme als Beispiele der abstrakten Kunst. Diese Filme sind für Deleuze nicht abstrakt, weil ihr Zusammenhang im konventionellen Sinne nicht mehr narrativ ist, sondern stattdessen in hohem Maße selbstreferentiell. Sie sind abstrakt, weil sie aus den unterschiedlichsten Elementen bestehen, aus allerlei Diskursen, aus Gegenwart und Vergangenheit, und sie sind so vermengt, dass eine nicht narrative Kontinuität entsteht. Diese Abstraktion ist also nicht das Ergebnis eines Verzichts auf Narrativität, sondern der Versuch 'to attain an "outside" of other odd connections through a free abstrakt AND, which takes over the movement of the film'.[5] ['ein "Äußeres" oder andere merkwürdige Verbindungen durch ein freies, abstraktes UND zu erlangen, das die Bewegung des Films übernimmt'[5]].

Vom Gedankengang der klassischen kritischen Diskurse über Abstraktion aus ist das monochrome Gemälde, oder noch extremer, die leere Leinwand, das ultimative Beispiel für Abstraktion. Als Ergebnis des Reinigungsaufassung ist es ein absoluter Endpunkt; oder um Beckett zu zitieren: ein 'end-game', ein Endspiel. Doch für Deleuze und Guattari ist die monochrome oder unberührte Leinwand keine Manifestation äußerster Reduktion; sie ist weniger 'leer' als 'intensiv'. Und intensiv bedeutet dann, dass sie von einer unerhörten, ungesehenen Potenz ungekannter Möglichkeiten erfüllt ist. Um diese Möglichkeiten sehen zu können, muss die Malerei blind sein, das heißt, blind für die bereits vorhandenen und akzeptierten Formen. Und genau darin liegt das Paradox der abstrakten Malerei. In einem abstrakten Gemälde erleben wir die Grenzen des Visuellen oder auch die Blindheit der Malerei. Was dort Form angenommen hat, sind unsichtbare, abstrakte, noch nie zuvor artikulierte Kräfte und Möglichkeiten.

Wie produktiv ist diese Sichtweise von Abstraktion für das Werk von Marian Breedveld? Was treibt die für ihr Werk typische Form der Abstraktion voran? Kennzeichen ihrer Arbeiten ist seit Ende der neunziger Jahre der wiederholte, horizontale Pinselstrich. Die Substanz des Bildes ist eine Folge der Tatsache, dass dieser immer gleiche Gestus konsequent wiederholt wird und so Schicht auf Schicht, Farbe über Farbe legt. Nun steht er in der früheren abstrakten Kunst, vor allem, in der Kunst eines abstrakten Expressionisten wie Willem de Kooning, der sichtbare Pinselstrich und der Gestus, der

ihn verursacht, im Allgemeinen für die Hand des Künstlers. Mit der Sichtbarkeit dieser Malbewegung schreibe sich der Künstler selbst in das Gemälde ein oder bringe sich darin zum Ausdruck. In diesem Sinne ist der sichtbare Pinselstrich automatisch mit Expressionismus verbunden. Für Breedvelds horizontalen Pinselstrich trifft das jedoch absolut nicht zu. Sie hat irgendwann einmal damit begonnen, horizontale Bahnen zu malen und damit die Form, die ein Pinselstrich beschreibt, möglichst zurückzunehmen. Mit dieser systematischen Vorgehensweise öffnet sie den Raum, der von den dynamischen Farbspuren des Pinsels erschlossen wurde. Diese Haltung ist eher konzeptuell als expressionistisch. Denn, so will es das Klischee, individueller Ausdruck lässt sich nicht durch solche willkürlichen Beschränkungen die Zügel anlegen. Die Idee von der Freiheit des Ausdrucks wird nachdrücklich konterkariert; stattdessen erkennen wir einen Malgestus, der eher als prozessmäßig, als ritualistisch gesehen werden muss. Gerade in der Wiederholung der immer selben Malbewegung, in diesem Fall eines horizontalen farbigen Pinselstrichs, entwickelt sich ihr Werk.

Die Horizontalität des Pinselstrichs als solche ist weniger wichtig. Obwohl die horizontale Bewegung ganz spezifische Assoziationen, etwa die von Landschaften oder des Horizonts, wachruft, ist es von größerer Bedeutung, dass der Farbstrich elementar ist, das heißt, als farbiger Pinselstrich gesehen wird. Oder wie Breedveld es ausdrückt: 'Ich will den Farbstrich soviel wie möglich als Farbstrich sichtbar machen.' [6] Diese fundamentale Annäherung an das Werk ist unvermeidlich, wenn wir ihre horizontalen mit früheren Arbeiten vom Anfang der neunziger Jahre vergleichen. Diese Werke waren das Resultat eines Pinselstrichs, der eine Kreisbewegung machte. Wie die horizontale Bewegung hat auch die Kreisbewegung an sich keinen bestimmten Sinn. 'Man kann sie gedankenlos machen und wiederholen.' Wie Breedveld den Pinsel auch immer bewegt, das daraus resultierende Gemälde ist nachdrücklich das Ergebnis eines Prozesses, einer wiederholten Bewegung, kurzum, von Farbstrichen:

'Es gleicht einer meditativen Handlung: In der Konzentration des Denkens wird dann der Bildschirm, den man mit sich trägt, von den darauf erscheinenden Bildern geleert. Dadurch entsteht Raum, um Erfahrungen zusammenzufassen, sie zu etwas zu komprimieren, das konkret wird. Wenn ich zum Beispiel an einem Gemälde arbeite, bin ich völlig gedankenlos, genauso, als würde ich mich in einer Landschaft befinden. Dann bin ich bei meinem Material, durch das ich mich kraftvoll hindurch arbeite. Diese Momente sind gedankenlos, ohne Illusionen, nichts als ein Wandern von einem Punkt irgendwo im Raum zu einem vorläufigen Ende.' [7]

Während der Gegenstand von Breedvelds malerischem Projekt nachdrücklich aus den Grundelementen des Gemäldes besteht – aus dem Pinselstrich, der Materialität und der Farbigkeit der Farbsubstanz –, ist das Ergebnis alles andere als formalistisch. Die Künstlerin äußert sich dazu folgendermaßen: 'Ich habe eine grundsätzliche Herangehensweise an das Gemälde, aber das Ergebnis geht darüber hinaus. Die grundsätzliche Herangehensweise ist nur der Ausgangspunkt.' [8] Von der üblichen Sichtweise der Abstraktion aus ist es höchst paradox, dass ihr späteres Werk immer wieder an Landschaften erinnert, was unter anderem am Querformat ihrer Bilder liegt, aber auch an der Rolle, die das Licht in Verbindung mit dem horizontalen Charakter des Werks spielt. Daraus wird der Eindruck von Weiten suggeriert, die aus einer Interaktion von Licht und Wasser, Licht und Wolken, Licht und Materie entstehen. Der Bildraum evoziert hier eine Illusion von Räumlichkeit, ohne Rücksicht auf das, was Kritiker wie Greenberg und Fried als Zukunft der Malerei postuliert haben. Die Flächigkeit

des Gemäldes wird in extremem Maße negiert. In formaler Hinsicht wird dies durch die ausdrückliche Schichtung des Werks hervorgerufen mit dem Effekt für den Betrachter, dass er nicht genau bestimmen kann, wo sich die Oberfläche des Gemäldes befindet. *In* oder *hinter* dem Gemälde entsteht eine Dimension von Räumlichkeit, die es schwierig macht, den Blick zu fokussieren. Der Raum weitet sich genauso nach hinten wie nach vorn. Dadurch bleibt der Blick unscharf, wie auch beim Betrachten eines nebelverhangenen Objekts geschieht.

Dennoch bedeutet diese Suggestion von Landschaftlichkeit nicht, dass wir mit dieser Form von Abstraktion zum Illusionismus der realistischen Kunst zurückgekehrt wären. Erstens, weil wir es hier nicht mit einer Repräsentation von Landschaft zu tun haben, sondern mit dem *Kreieren* einer Qualität, die landschaftliche Merkmale aufweist. Doch darüber hinaus wird der Blick an den Bildrändern wieder mit der Tatsache konfrontiert, dass es sich um einen Effekt handelt, der durch den wiederholten Auftrag unterschiedlicher Farbschichten übereinander bewirkt wird. Damit befinden wir uns wieder in der Materie des Gemäldes, nicht länger in der einer Landschaft. Breedveld:

'Man könnte in meinen heutigen Bildern eine Landschaft sehen, vliesartige Horizonte, aber an den Bildrändern ist dann doch wieder die Oberfläche, nichts als Oberfläche, bei der man spürt, dass man gegenwärtig ist. Ich möchte nicht, dass der Zuschauer, als geistiger und tastender Organismus, völlig in der Illusion einer Darstellung verschwindet. Dort an den Bildrändern widerrufe ich mit Macht die Möglichkeit, dass die Illusion über die konkrete Präsenz, über das konkrete Handeln triumphieren könnte. Aber die optische Täuschung ist eine faszinierende Kraft, deren sich die Leute in ihrer Kleidung und ihrer Aufmachung sehr bewusst sind, etwas, das man beispielsweise auch bei den Balztänzen von Vögeln sieht. Es ist eine Kraft, der viele Möglichkeiten zur Verfügung stehen, um für ein Gemälde die ungeteilte Aufmerksamkeit einzufordern.' [9]

Während im Realismus Illusion durch die Leugnung der Materialität des Gemäldes entsteht, durch das sich Erheben über die verwendete Farbmaterie, ist das Landschaftliche von Breedvelds Werk vollständig in der Materialität von Farbsubstanz und Farbigkeit verankert.

Der Landschaftscharakter ihres Werks führt einleuchtend vor, dass alle bereits besprochenen kritischen Diskurse über Abstraktion nicht ausreichen. An diesem Werk scheitert deren negative Logik völlig. Hier muss nicht dem Illusionismus abgeschworen werden, um das Projekt Abstraktion verwirklichen zu können, sondern der Illusionismus ist gerade eine Möglichkeit, die die Abstraktion eröffnet.

Die Form von Abstraktion, die in Breedvelds Arbeiten umgesetzt wird, ist auch ausdrücklich weder Analyse noch Zugang zu einer existierenden oder auch metaphysischen Wirklichkeit. Im Gegenteil, ihr Werk möchte sogar als eine konkrete Wirklichkeit erfahren werden: 'Das fertige Gemälde ist für mich ein Ort, mit dem ich mich verbunden weiß. [...] Es ist ein Ort des Handelns, der verlegt, aber nicht ersetzt werden kann, eine voll und ganz gelebte Welt, die von gekünstelten Eingriffen, die nichts mit der Welt zu tun haben, befreit wurde. Was da ist, soll da sein.' [10] Der im Umfeld ihres Werkes entstehende Illusionismus ist deshalb keine Bewegung, die sich vom Werk entfernt, sondern basiert vielmehr restlos auf der Präsenz dieses Werkes. In ihm liegt ein Erkennen und ein Anerkennen dieser Präsenz.

Einem Breedveld-Gemälde sieht man sofort an, dass es nicht auf der Staffelei gemalt wurde, sondern flach auf dem Boden.

Das beweisen die zwei vertikalen Ränder ihrer Bilder eindeutig.
Die Farbmaterie hat augenscheinlich Gewicht, und dieses Gewicht
zieht die Farbe nach unten, lässt sie Richtung Boden absinken. Beim
Hängen des Gemäldes zeigen die fransigen Bildränder also zur
Wand. Dieses Merkmal von Breedvelds Arbeiten ist mehr als ein
simpler formaler Fakt. Es ist ein prinzipieller Schritt, mit dem sich
die Künstlerin von einer langen Tradition der westlichen Malerei
distanziert. Dort dient der Standpunkt des Künstlers, wie er sich
zur Leinwand auf der Staffelei verhält, als Modell für das visuelle
Projekt, das in dem Gemälde realisiert wird. Der Künstler (und
der Betrachter) wird dabei zum Auge, und das Bild zum visuellen
Horizont dieses Auges. Sobald also Malerei konzeptualisiert wird,
sind Figuration, ein illusionis-tischer Bezug zur Wirklichkeit und die
Distanz dazu mit Hilfe der Perspektive, ein nahezu unvermeidliches
Ergebnis.

Wie Jackson Pollock platziert Breedveld die Leinwand nicht als
visuellen Horizont vor sich, sondern als materiellen, taktilen Boden
unter sich. Damit ist die Basis (im Sinne einer Ausgangsposition)
des malerischen Projekts grundsätzlich anderer Natur. Zum ersten
Mal ist der Künstler nicht länger nur Auge. Die andere, im Grunde
unbequeme Positionierung im Bezug auf die Leinwand aktiviert
andere Sinne. Jedenfalls kommt damit dem physischen Gewicht,
und damit der Materialität der Farbsubstanz, eine entscheidende
Rolle zu. Daneben ist die frontale Perzeption der Leinwand nicht
länger mit einer Aussicht auf einen visuellen Horizont *in* oder *auf* der
Leinwand verknüpft. Das Gemälde, nicht mehr der visuelle Horizont,
ist nun der Boden. Und 'Boden' muss hier gleichermaßen in der
Bedeutung von Position des Gemäldes im Bezug auf den Künstler
wie als Basis oder Ausgangspunkt eines malerischen Projekts
verstanden werden. Diese Basis definiert das Gemälde nicht länger
als rein visuelle, sondern als taktile, oder besser, als multi-sinnliche
Materie. Deshalb ist der Boden nicht mehr allein ein visueller,
sondern auch ein taktiler Boden geworden.

Die Tatsache, dass Gemälde materiell sind, das heißt, aus
Farbmaterie bestehen, ist in Breedvelds Gemälden im wörtlichsten
Sinne dick aufgetragen. Farbmaterie ist nicht länger ein *Mittel* zur
Erzeugung von Illusionismus, das nicht mehr der Aufmerksamkeit
des Betrachters bedarf. Dass Farbe als Materie zum Gegenstand des
Gemäldes geworden ist, ist eine der Bedeutungen der Dicke, der
Schichtung des Werks. Die vielen übereinanderliegenden
Farbschichten kreieren nicht ein Bild im Sinne von Repräsentation,
sondern Substanz. Diese materielle Substanz der Farbmaterie ist
es, die eine Sinneswahrnehmung bewirkt. Dafür ist die
Mehrschichtigkeit dieser Substanz unentbehrlich:

'Mir geht es um das, was an der Oberfläche passiert als Auswirkung
dessen, was darunter liegt: Die Farbmaterie, die Spuren von
Bewegungen, die Farben, die Vermischungen, das alles hat Kontakt mit
der Oberfläche. Beim Betrachten des Gemäldes spürt man, dass sich
unter der Oberfläche etwas anderes verbirgt. Ich male genauso lange,
bis ein Gemälde mit einer Geschichte da ist, solange, bis ich all diese
Schichten im Griff habe. Alles, was unter der Oberfläche liegt, wird
gehütet und ist in das endgültige Bild aufgenommen, das zu sehen ist
und an der Wand hängt. [...] Es mag merkwürdig sein, über die
Farbmenge zu sprechen, aber sie ist durchaus wichtig für das endgültige
Ergebnis. Ich weiß, dass es im Malprozess einen Moment gibt, in dem
sich eine maximale Spannung zwischen der Farbmenge und der
Oberfläche aufgebaut hat. Dann wird die Tiefe bemerkbar, die
Räumlichkeit, und auch die Sinnlichkeit der Materie wird fühlbar. Dieser
Umschlag von der Oberfläche zur Tiefe und zur Fläche ist zunächst eine
physische Erfahrung; dem folgt als zweites die emotionale Verbundenheit
damit.' [11]

Eine einzige Farbschicht ist Breedveld zu dürftig. Durch das
übereinander Malen von Schichten lässt sie eine Art von Viskosität
entstehen, eine Art Widerstand im Material. Sie malt 'durch' die
frischen Farbschichten hindurch, die sich auf diese Weise
vermischen. Erst danach sucht sie einen Bezug zur Farbe als
Material.

Die nachdrücklich geschichtete Substanz ist gleichzeitig begrenzt.
Dennoch ist die oberste Schicht keine Abdeckschicht: Sie macht
aus, was darunter liegt. Die Oberfläche des Gemäldes erscheint als
elastische Haut. Diese Haut ist straff gespannt und bildet eine Grenze
zwischen innen und außen. Einerseits schirmt sie ab, andererseits
ist die Haut ein Zwischenbereich, der die Empfindungen von außen
nach innen und von innen nach außen vermittelt. Die Hautoberfläche
suggeriert zugleich eine Dimension *unter* der Haut. Die Spuren zuvor
aufgetragener Farben, früherer Pinselstriche stehen in Verbindung
mit der Farbhaut, die sie abdeckt. Die Oberfläche wird von dem
bestimmt, was sich darunter befindet. Da die Farbmaterie von
Breedvelds Gemälden so nachdrücklich als Haut in Erscheinung tritt,
ist das Betrachten ihres Werks mehr als eine rein visuelle Erfahrung.
Die Haut ist ja der taktile Sinn par excellence. Beim Blick auf ihre
Arbeiten werden vor allem taktile Wahrnehmungen ausgelöst.
So appelliert das Gemälde an das Zusammenspiel verschiedener
Sinne mithilfe dessen, was in der Rhetorik die Figur der Synästhesie
genannt wird.

Da für Breedveld die Materialität der Farbsubstanz Ausgangspunkt
ist, muss es nicht verwundern, dass ihre zwischen 1995 und 1997
entstandenen Werke 'erdverhaftet' wirken. Die dominierenden
Farben sind braun, schlammartig. Auch wenn andere, hellere Farben
durch diese Schlammtöne hindurchscheinen, behält das Braun-Grau
die Oberhand. Die Erdfarben scheinen eine logische Folge der
Betonung der Farbmaterie und des wiederholten horizontalen
Farbauftrags zu sein. Denn beim Auftragen von Schicht auf Schicht
vermischen sich die Farben, und diese Mischung ergibt am Ende
Braun. Wenn in Breedvelds Arbeiten 1999 die Misch-Schlammfarben
von reineren, helleren und leuchtenderen Farben ersetzt werden,
bedeutet das auch eine Akzentverschiebung ihrer grundsätzlichen
Herangehensweise an das Bild. Nunmehr steht der Pinselstrich als
Bewegung weniger im Zentrum. Statt dessen konzentriert sich die
Aufmerksamkeit immer stärker auf die Farbe, das immateriellste
Element eines Gemäldes. Und auf deren Wirkung.

Dass für Breedveld die Farbe eine größere Bedeutung gewinnt
– als Bildgegenstand –, bedeutet jedoch nicht, dass sie die Farbe
systematisch erforschen würde. Ihre Entscheidung für bestimmte
Farben ist ohne ein System, rein intuitiv. Sie hegt keine Vorliebe für
bestimmte Farben und erklärt auch keine Farben für tabu. Für sie
sind im Prinzip alle Farben gleich. Während Künstler wie Alberts
oder Kandinsky eher technisch an die Farbe herangingen und
spezielle Farbsysteme entwickelten, ist Breedvelds Vorgehensweise
eher phänomenologisch und gefühlsmäßig. Letzten Endes geht
es ihr nicht um Farben als solche, sondern um die Unterschiede
der Farben, um Nuancen, um Abstufungen. Der Farbwert entsteht
differentiell: Die Farben leiten den Farbwert voneinander ab, von
dem Unterschied zu anderen Farben. Am interessantesten sind in
diesem Sinne die Farben, die nicht mehr benannt werden können,
weil sie im wörtlichsten Sinne 'zwischen' den bekannten Farben
liegen. [12]

Die hellen und leuchtenden Farben, die in Breedvelds Werk nach
1998 überhandnehmen, sind durchaus schon in der materiellen
Dunkelheit ihrer früheren Werke mit den 'Schlamm'-Farben
angelegt. Wie die Schlammfarben die Assoziation Materialität

unterstreichen, so bringen die hellen und leuchtenden Farben die Assoziation Licht hinein. Licht in der Bedeutung von leicht, nicht schwer, aber vor allem als Gegenteil von dunkel. Das Element Licht scheint sich mit dem Element Materialität nicht zu vertragen. Licht steht in der Geschichte der Malerei gerade für die die Ablösung von der Materialität der Farbe; es handelt sich um einen Effekt oder eine Illusion, die mit Hilfe von Licht zustandegebracht wird. Licht ist keine Eigenschaft der Farbmaterie als solcher. Aus der Perspektive der Kunstaufgabe hat sich Breedveld eine unmögliche Aufgabe gestellt, denn dort ist Licht ja gerade materielos: als Negation oder Transzendenz von Materie. Dabei stellt sich die Frage, ob diese Vorstellung von Licht auch noch für Marian Breedvelds Werk zutrifft.

Mit Hilfe des Lichts tritt die Künstlerin in einen Dialog mit der Geschichte der Malerei. Rembrandt stellte Licht mittels der *Chiaroscuro*-Technik dar, indem er bestimmte Teile der Szene extrem beleuchtete und andere Teile in unsichtbarem Dunkel ließ. Schon vor ihm hatte sich Caravaggio einen Namen als Illusionist des Lichtes gemacht: Er stellte Licht dar, indem er in hellen und dunklen Farben extreme Kontaste anbrachte. In beiden Fällen wird die Lichtillusion als Effekt kreiert. Dabei handelt es sich um eine Repräsentation von Licht. In diesem Sinne sind ihre Gemälde nicht selbst Lichtquelle. Bei Breedveld jedoch scheint das Licht *in* der Materialität der Farbsubstanz zu liegen. Aus der geschichteten Farbmaterie scheint das Licht auf. Dieses Licht wird durch die Abstufungen und Nuancen im Farb*unterschied* hervorgebracht. Wie einem Alchemisten gelingt es der Künstlerin, die materielle Qualität sichtbar zu machen. Auf jeden Fall geht es ihr nicht um die Illusion von Licht im Sinne einer Repräsentation des Lichts, sondern um die Erzeugung von Licht mit Hilfe der Materialität und (Leucht-)Kraft der Farbe als Grundelementen. Indem sie das Licht aus der Farbe aufscheinen lässt, scheint sie zu sagen, dass wir Caravaggios und Rembrandts Werk zu einseitig als Repräsentation und Figuration gesehen haben. Wenn der Blick von Breedvelds Werk aus in die Zeit zurück geht, sehen wir auch bei ihren Vorgängern das Licht von innen aus der Farbschicht aufscheinen. [13]

Breedvelds differenzierter Umgang mit der Farbe wirkt sich auch darauf aus, wie sie in Ausstellungen ihre Werke am liebsten hängt. Ihre Anordnung weicht radikal von der klassischen modernen Art der Hängung ab, bei der jedes Werk für sich gesehen werden soll und deshalb in sehr großem Abstand von anderen Arbeiten gezeigt wird. Obwohl das auch bei einem Breedveld-Gemälde sehr gut möglich wäre, bietet der horizontale Farbstreifen ihrer Werke noch andere Möglichkeiten. Im Grunde hört die horizontale Bewegung am Bildrand nicht auf, und dadurch greift ein Gemälde nach dem anderen; auf diese Weise sind die Bilder räumlich miteinander verbunden. Wenn diese räumliche Zusammengehörigkeit von Breedvelds Einzelwerken durch die absichtliche Anordnung nebeneinander und gegenüber genutzt wird, treten sie auch in Wechselwirkung zu-einander. Das eine Werk wird dann zum Pendant eines anderen, während zugleich graduelle Unterschiede und Übergänge sichtbar werden. Wie bei der bekannten Droste Kakaodose wird die Wand mit mehreren Werken zu einer *Mise en abyme* eines individullen Werks. Denn wie die Farbe durch den Unterschied innerhalb eines jeden Gemäldes wirkt, so wirken die Gemälde nun auch in ihrer Wechselbeziehung.

2004 und 2005 schuf Breedveld zwei Serien von Arbeiten auf Papier, die sich in mancherlei Hinsicht von ihren Werken auf Leinwand unterscheiden: Beispielsweise verwendet sie nicht Öl-, sondern Acrylfarbe. Und obwohl auch dieses Werk wieder geschichtet ist, führt die Schichtung nicht zu einer substantiellen Materialität. Hier geht es vor allem um das Aufbringen von *Farbe* mit Hilfe des bekannten horizontalen Pinselstrichs. Die Farbmaterie tritt hier nicht in den Vordergrund, weil sie vom Papier absorbiert wird. Die Künstlerin verwendete acht Farben, vier pro Blatt, in ständig wechselnden Kombinationen. Wie auch an den Bildrändern ihrer Gemälde auf Leinwand die Farben sichtbar bleiben, die Schicht auf Schicht aufgetragen wurden, so sehen wir auch hier an den Rändern die Farben in Reinform. Nach innen zu sind sie vermengt, eine Auswirkung der Tatsache, dass die Farben gleichzeitig aufgetragen wurden. Durch die Vermischung der Farben entsteht ein extrem räumlicher Effekt. Diese räumliche Dimension ist visuell vage und taktil wattig. Dadurch wird Volumen suggeriert, das sich sowohl nach vorn wie nach hinten weitet.

Die Verwendung unterschiedlicher Materialien hat große Folgen für die Art des Betrachtens, die von dieser Arbeit auf Papier aktiviert wird. Die elastische Haut der Ölfarbe auf den Gemälden besitzt einen Glanz, der den Blick des Betrachters reflektiert. So wird die Vorstellung von Haut als Abschirmung hervorgerufen. Glanz und Reflexion fehlen bei den Arbeiten auf Papier. Dort ist die Oberfläche matt und der Blick des Betrachters wird absorbiert statt reflektiert. Wie zuvor die Farbmaterie vom Papier aufgesogen wurde, so geschieht es anschließend mit dem Blick darauf. Dadurch ist die Assoziaton Haut nicht länger gegeben. Die hier suggerierte Art von Räumlichkeit ist anders, sie ist wieder extrem taktil. Gerade weil das Auge, wie bei einem unscharfen Foto, nicht in der Lage ist, sich auf die vage Oberfläche zu fokussieren, werden andere Sinne aktiviert. Man spürt die Farbe, wie man auch Nebel spüren kann.

Breedvelds Arbeiten auf Papier sind eine Variation im Rahmen eines konsequenten Projekts. Der Unterschied zu ihren Ölgemälden ergibt sich als logische Konsequenz aus der Tatsache, dass sie in ihren Gemälden mit immer denselben Elementen arbeitet: mit Materie, Farbigkeit und dem horizontalen Pinselstrich. Wenn die Künstlerin also andere Materialien verwendet, muss auch das Ergebnis ein anderes sein. Die in diese Materialien eingeschriebene Räumlichkeit besteht aus einem visuellen Horizont, der nicht länger als äußerste Grenze fungiert. Es ist kein Raum, den der Betrachter anderswo vermutet, oder in den er von außen her hineinsieht, es ist ein Raum, in den der Betrachter aufgenommen wird.

1
Fer, Briony, *Poussière/Peinture: Bataille on Painting.* in: *On Abstract Art*, New Haven and London: Yale University Press, 1997, S. 77-92.
2
Deleuze, Gilles, Félix Guattari, *A Thousand Plateaus. Translation and foreword by Brian Massumi.* Minneapolis: University of Minnesota Press, 1987, S. 575.
3
Rajchman, John, *Another View of Abstraction.* in: *Journal of Philosophy and the Visual Arts* 5, 1995, S. 19.
4
Rajchman, ibid., S. 17-8.
5
Rajchman, ibid., S. 19.
6
Gespräch des Autors mit Marian Breedveld, Tilburg, 20. Juni 2006.
7
Breedveld, Marian, Irene Veenstra, *Twee gesprekken aan een tafel.* [Rotterdam: Marian Breedveld], 2000, o. P.
8
Gespräch des Autors mit Marian Breedveld, Tilburg, 20. Juni 2006
9
Breedveld, Marian, Irene Veenstra, *Twee gesprekken aan een tafel.* [Rotterdam: Marian Breedveld], 2000, o. P.
10
Breedveld, Marian, Irene Veenstra, ibid., o. P.
11
Breedveld, Marian, Irene Veenstra, ibid., o. P.
12
Diese Formulierung deutet indirekt auf das Prinzip der Semiotik (und der Linguistik, sein ursprüngliches Fachgebiet) von Ferdinand de Saussure. In: Ferdinand de Saussure, *Course in General Linguistics.* Ed. Charles Bally and Albert Sechehaye, trans. and annotated by Roy Harris. London: Duckworth, 1983.
13
Diese Formulierung, die die chronologische Reihenfolge umdreht, erinnert an Mieke Bal's Konzept der 'preposterous history.' In: Mieke Bal, *Quoting Caravaggio: Contemporary Art, Preposterous History.* Chicago: University of Chicago Press, 1999.

1   1987 32×24 cm inkt op papier
collectie kunstenaar

2   1989 260×150 cm olieverf op linnen
collectie kunstenaar

3   1989 200×260 cm olieverf op linnen
collectie Museum Boijmans van Beuningen

4 | 5   detail van p.3

6   1990 200×260 cm olieverf op linnen
collectie Rijksgebouwendienst,
Tweede Kamer der Staten-Generaal

7   1990 260×160 cm olieverf op linnen
collectie kunstenaar

8   1992 42×42 cm olieverf op linnen
collectie Centraal Museum Utrecht
1992 42×42 cm olieverf op linnen
collectie Centraal Museum Utrecht

9   1992 42×42 cm olieverf op linnen
privé collectie
1992 42×42 cm olieverf op linnen
collectie Centraal Museum Utrecht

11   2007 atelier

12   detail van p.15

13   1997 *Fielding*

14   1995 95×150 cm monoprint tempera op papier
collectie kunstenaar

15   1995 95×150 cm monoprint tempera op papier
collectie kunstenaar

16 | 17   1994 atelier

18   1996 80×130 cm olieverf op linnen
collectie kunstenaar
1996 80×130 cm olieverf op linnen
collectie kunstenaar

19   1996 75×120 cm olieverf op linnen
privé collectie
1996 50×80 cm olieverf op linnen
collectie kunstenaar

20   1997 75×120 cm olieverf op linnen
collectie Centrum Beeldende Kunst Rotterdam

21   1996 30×50 cm olieverf op linnen
privé collectie
1996 30×50 cm olieverf op linnen
privé collectie

23   1996 zesdelig 15×15-120×195 cm olieverf op paneel
collectie kunstenaar

24   1998 50×80 cm olieverf op linnen
collectie kunstenaar
1999 50×80 cm olieverf op linnen
collectie kunstenaar

25   1998 50×80 cm olieverf op linnen
privé collectie

26   1998 120×195 cm olieverf op linnen
collectie kunstenaar

27   1998 120×195 cm olieverf op linnen
collectie kunstenaar

28   1997 80×130 cm olieverf op linnen
collectie Museum Boijmans van Beuningen

29   detail van p.28

30   1999 153×253 cm monoprint tempera op papier
collectie kunstenaar

31   1999 153×253 cm monoprint tempera op papier
collectie kunstenaar

32 | 33   detail van p.31

34   1999 153×253 cm monoprint tempera op papier
collectie kunstenaar

35   1999 153×253 cm monoprint tempera op papier
collectie kunstenaar

36   1999 80×130 cm olieverf op linnen
collectie ABN AMRO Kunststichting

37   1999 75×120 cm olieverf op linnen
collectie kunstenaar

38   2000 50×80 cm olieverf op linnen
privé collectie
1999 45×75 cm olieverf op linnen
privé collectie

39   1999 80×130 cm olieverf op linnen
privé collectie

40   2002 50×80 cm olieverf op linnen
privé collectie
2000 50×80 cm olieverf op linnen
privé collectie

41   2003 120×195 cm olieverf op linnen
privé collectie

42   2001 Galerie Rob de Vries

43   2000 30×50 cm olieverf op linnen
privé collectie

44   2001 20x30 cm olieverf op linnen
collectie kunstenaar
2001 20x30 cm olieverf op linnen
collectie kunstenaar

45   2002 45x150 cm olieverf op linnen
collectie FRAC Haute Normandie (F)

46   2002 50x80 cm olieverf op linnen
collectie Stedelijk Museum Schiedam
2004 45x75 cm olieverf op linnen
collectie NOG Collectie van het SNS Reaal Fonds

47   2002 80x130 cm olieverf op linnen
privé collectie

48   2002 45x75 cm olieverf op linnen
privé collectie

50   2003 30x100 cm olieverf op linnen

51   2005 45x150 cm olieverf op linnen
privé collectie

52   2002 45x150 cm olieverf op linnen
privé collectie

53   detail van p.52

54   2004 120x195 cm olieverf op linnen

55   2005 120x120 cm olieverf op linnen
privé collectie

57   2004 160x160 cm olieverf op linnen

58   2006 80x80 cm olievert op linnen
collectie kunstenaar
2006 80x80 cm olieverf op linnen
collectie kunstenaar

59   2005 120x120 cm olieverf op linnen
privé collectie

60   2006 120x120 cm olieverf op linnen
collectie kunstenaar

61   2007 30x50 cm olieverf op linnen
privé collectie
2005 30x50 cm olieverf op linnen
privé collectie

62   2006 160x160 cm olieverf op linnen

63   2005 160x160 cm olieverf op linnen
privé collectie

64 | 65   detail van p.67

66   2007 80x80 cm olieverf op linnen
2007 80x80 cm olieverf op linnen

67   2008 50x80 cm olieverf op linnen
collectie kunstenaar
2007 50x80 cm olieverf op linnen
privé collectie

68   2004 120x120 cm olieverf op linnen
privé collectie

69   2007 160x160 cm olieverf op linnen
privé collectie

71   2007 atelier

72   2007 195x60 cm olieverf op linnen

73   2008 195x60 cm olieverf op linnen

74   2006 195x60 cm olieverf op linnen
privé collectie

75   2008 100x45 cm olieverf op linnen
2009 100x45 cm olieverf op linnen

76   2009 130x80 cm olieverf op linnen
collectie kunstenaar

77   2008 130x80 cm olieverf op linnen
privé collectie

78 | 79   2008 240x75 cm olieverf op linnen, detail

80   2007 100x100 cm olieverf op paneel
2007 100x100 cm olieverf op paneel

81   2007 50x50 cm olieverf op paneel
2007 50x50 cm olieverf op paneel
2007 50x50 cm olieverf op paneel
2007 50x50 cm olieverf op paneel
privé collectie

82   2008 100x195 cm olieverf op linnen

83   2008 50x50 cm olieverf op linnen

84   2005 30x100 cm olieverf op linnen
privé collectie

85   2005 120x120cm olieverf op linnen
collectie Bouwfonds Kunstcollectie

86 | 87   detail van p.85

88   2004 oplage Calme plat

90 | 91   2004 Calme plat 8 bladen 28x76 cm
acrylverf op papier, oplage 20

92   2009 75x75 cm monoprint acrylverf op papier
2009 75x75 cm monoprint acrylverf op papier

93   2009 75x75 cm monoprint acrylverf op papier
2009 75x75 cm monoprint acrylverf op papier

94   2009 66x66 cm zeefdruk op papier
2009 66x66 cm zeefdruk op papier

95   2009 66x66 cm zeefdruk op papier, detail

Marian Breedveld

1959
geboren te 's-Gravenhage, opgegroeid in Brussel (B)

1978-80
kandidaats sociologie Katholieke Hogeschool Tilburg, Tilburg

1980-85
Academie voor Beeldende Vorming, Tilburg

1985-87
Ateliers '63, Haarlem

1987
werkperiode Villa Arson, Nice (F)
vestigt zich in Rotterdam

1991
aanmoedigingsprijs Stichting Amsterdams Fonds voor de Kunst,
Amsterdam

1992
opdracht Europeesche Verzekeringen, Amsterdam

1993
opdracht Gemeentehuis Wateringen, Wateringen

1993-94
verblijf in het Van Doesburghuis, Meudon (F)

1994-95
atelier in Cité Internationale des Arts, Parijs (F)

1996-99
docent aan Academie Minerva, Groningen

1997
vestigt atelier in Tilburg

1999-2002
docent aan Gerrit Rietveld Academie, Amsterdam
gastdocentschappen:
Frank Mohr Instituut, Groningen
Iceland Academy of the Arts, Reykjavik (IS)
École des Beaux-Arts de Rennes, Rennes (F)

2009
werkperiode, Mas de Charrou (F)

Tentoonstellingen

Solo

1988
Rietveld Paviljoen, Amsterdam, cat.

1989
Centrum Beeldende Kunst, Rotterdam, cat.

1992
Benno Premsela / Friso Broeksma, Amsterdam
Single Art Work Project, De Beyerd, Breda

1994
MK Expositieruimte, Rotterdam

1995
Œuvres dans les vitrines du hall, École des Beaux-Arts de
Valenciennes, Valenciennes (F)

1996
Galerie Voorwaar, Dordrecht

2000
Galerie Bernard Jordan, Paris (F)
MK Galerie, Rotterdam
FRAC d'Auvergne, Clermont-Ferrand (F), cat.

2001
Galerie Rob de Vries, Haarlem

2002
MK Galerie, ArtForum, Berlin (D)

2003
MK Galerie, Rotterdam

2004
Galerie Rob de Vries, Haarlem
Windstil, Galerie Hein Elferink, Staphorst, cat.

2005
Calme Plat, Erasmusgalerij, Erasmus MC, Rotterdam
Galerie Rob de Vries, Haarlem

2006
Nevel en Rook, MK Galerie, Rotterdam

2007
Galerie Rob de Vries, Haarlem

2008
Galerie Bernard Jordan, Zürich (CH)

2009
Galerie Bernard Jordan, Paris (F)
Marian Breedveld, Stedelijk Museum Schiedam, Schiedam, cat.

Groep

1988
Sous le regard…, Villa Arson, Nice (F), cat.

1989
De Amro Bank Collectie, Stedelijk Museum Amsterdam, Amsterdam, cat.
Een Keuze/A Choice, KunstRAI, Amsterdam, cat.

1990
Rotterdam Assorti, voormalig kantoorgebouw HAL, Rotterdam
Gemengd Bedrijf, Gemeentemuseum, Den Haag, cat.

1991
Pas Geverfd/Wet Paint, Stichting AIR, Amsterdam, cat.
Verzameld Werk III, Stadscollectie, Museum Boijmans van
Beuningen, Rotterdam, cat.
The pleasure of being involved…, Stichting Kaus Australis,
Rotterdam, cat.

1992
Marian Breedveld, Hans van der Pennen, Museum Waterland,
Purmerend, cat.
De Collectie, een keuze uit de aankopen 1950-1991, Stadsgalerij
Heerlen, Heerlen, cat.
5 jaar, 51 kunstenaars, CBK tentoonstellingen, Rotterdam, cat.

1993
Verwandtschaften Rotterdam/Düsseldorf, Kunsthal, Rotterdam, cat.

1994
Vert Printemps, Galerie Jean Fournier, Paris (F)
(A6)2, Galerie le Carré, Lille (F)

1995
GS Art 1995, Pris Gras Savoye de la Jeune Création, École Nationale
Supérieure des Beaux-Arts, Paris (F)

1996
Olivier Menanteau et Marian Breedveld, rencontre no.1, Alliance
Française, Rotterdam, cat.
State of mind, CBK, Rotterdam
*Ver na Vermeer, Hedendaagse Schilderkunst in Nederland en
Vlaanderen*, De Beijerd, Breda, cat.
Marian Breedveld et Olivier Menanteau, Les Ateliers Nadar,
Marseille (F)
Being there, CBK, Rotterdam, cat.

1997
Fielding, Portalen, Greve (DK), cat.
MK Expositieruimte, Rotterdam

1998
Entre opacité et transparence, FRAC d'Auvergne, Clermont-Ferrand (F)
Couleurs, couleurs, Galerie Bernard Jordan, Paris (F)

1999
Collect/recollect, Museum Boijmans van Beuningen, Rotterdam, cat.

2001
Landschappen achter de horizon, Noordbrabants Museum,
's-Hertogenbosch

Un peu de temps pur, Marian Breedveld et Jérome Boutterin, Trafic
FRAC Haute-Normandie, Rouen (F), cat.
Mix op locatie, Museum Beeckestein, Velsen

2002
On a clear day, Sophienholm, Lyngby (DK), cat.
de singuliers débordements..., Maison de la Culture d'Amiens,
Amiens (F), cat.
MK Galerie, Major Art Fair, Amsterdam
Peintures, Galerie du Cloître, École des Beaux-Arts de Rennes,
Rennes (F)
A rose is a rose is a rose. Collection du FRAC d'Auvergne, École des
Beaux-Arts de Valence, Valence (F)
*Number one is a duck, number two is a goose, number three is a
pig...*, Galerie Bernard Jordan, Paris (F)
*More than red, white and blue, Kunstaankopen door het Ministerie
van Buitenlandse Zaken*, Gemeentemuseum, Den Haag, cat.

2003
Galerie Bernard Jordan, FIAC 2003, Paris (F)
Samenscholing, Centraal Museum, Utrecht
Qui a peur du rouge, du jaune et du bleu?, Château de Tanlay,
Tanlay (F), cat.
Galerie Rob de Vries, Haarlem
La langue dans la boue, Musée du Tapis et des Arts Textiles,
Clermont-Ferrand (F)
Invitation à la Galerie Bernard Jordan, Galerie Filles du Calvaire,
Bruxelles (B)
Galerie Rob de Vries, Art Brussels, Brussel (B)
Artistes de la Galerie Bernard Jordan, Le Carré Saint-Vincent,
Orléans (F)

2004
Mix 10, Galerie Rob de Vries, Haarlem
Galerie Hein Elferink, KunstRAI, Amsterdam

2005
Toonbeelden, openbare ruimte, Tilburg, cat.
Toonbeelden, De Pont, Tilburg
Galerie Rob de Vries, Art Rotterdam, Rotterdam
Abstracte Salon-Part Two, Kunstruimte 09, Groningen, cat.
Kunst uit huis, Collectie An en Joop Groen, Stedelijk Museum
Schiedam, Schiedam

2006
Carte Blanche à Bernard Jordan, Musée Matisse,
Le Cateau-Cambrésis (F), cat.

2007
Galerie Hein Elferink, Liste Köln, Köln (D)

2008
Galerie Rob de Vries, Art Rotterdam, Rotterdam
Qui a peur de la couleur?, Trafic FRAC Haute-Normandie, Rouen (F)

2009
MK Galerie, Art Amsterdam, Amsterdam
Marian Breedveld, Nina Childres, Sylvie Fanchon, Galerie Bernard
Jordan, Paris (F)
START!, Galerie Hein Elferink, Staphorst

Bibliografie

1988
Bernard, Christian et al, *Sous le regard*, Nice: Villa Arson, 1988,
p. 12, 30.
Marian Breedveld, werken op papier, Amsterdam: Gerrit Rietveld
Academie, 1988.

1989
Beeren, W.A.L., Wolf, D. [ed.], *de Amro Bank collectie, een keuze*,
Amsterdam: Stedelijk Museum Amsterdam, 1989, p. 53.
Geer, Cees van der, *KunstRai moet geen onderonsje worden*, in:
Rotterdams Nieuwsblad, mei 1989.
Geerling, Let, *Marian Breedveld. Schilderijen / paintings*, Rotterdam:
CBK Rotterdam, 1989.
Vermeulen, Tob, *Strijd in diepte en perspectief*, in: *Rotterdams
Nieuwsblad*, oktober 1989.
Visser, Martin, Geert van Beijeren, *Een Keuze / A Choice*, in:
Catalogus KunstRai 89, Amsterdam: KunstRai, 1989, p. 5-21.

1990
Delfgauw, Leo, *Marian Breedveld*, in: *Kunst bij het Gerechtsgebouw
Amsterdam*, Amsterdam: Architectengroep Loerakker, Rijnboutt,
Ruijssenaars, Hendriks, 1990.
Fuchs, R.H., M. Josephus Jitta, F.W. Kaiser, *Gemengd Bedrijf*,
Den Haag: Haags Gemeentemuseum, 1990, p. 5-6, 14.
Geer, Cees van der, *Gemengde gevoelens bij Gemengd Bedrijf*, in:
Rotterdams Nieuwsblad, 21-08-1990.
Linders, Dees [ed.], *Verzameld Werk III. Stadscollectie 1990. Museum
Boymans - van Beuningen*, Rotterdam: Museum Boymans - van
Beuningen, 1990, p. 10.
Reijnders, Tineke, *Waarom die serie soli in het Rietveld Paviljoen*, in:
*Een serie soli. Een reeks tentoonstellingen in het Rietveld Paviljoen
1985 - 1989*, Amsterdam: Uitgeverij Gerrit Rietveld Academie, 1990,
p. 14, 41, [54].
Steenbergen, Renée, *De verbeelding gevoed door verf, cement, hout
en metaal*, in: *NRC Handelsblad*, 26-07-1990.
Tilroe, Anna, *Een krop sla in een veilingkistje*, in: *De Volkskrant*,
13-07-1990.
Vries, Peter Yvon de, *Zonder titel. Wilt u schilderen? Snijd dan eerst
uw tong af*, in: *De Tijd*, 27-07-1990, p. 26-32.
Museum Boymans - van Beuningen, Stadscollectie, in: Amsterdam:
KunstRai, 1990, p. 86.

1991
Breedveld, Marian, *Aan Wim Hooghwinkel / To Wim Hooghwinkel*.
in: Hooghwinkel, Wim [ed.], *Pas Geverfd. Teksten over schilderkunst /
Wet Paint. Articles on painting*, Amsterdam: Stichting AIR, 1991,
p. 12-17, 75.
Flapper, Judith, Anke van der Laan, [ed.], *De Collectie / The
Collection, aankopen / acquisitions Stadsgalerij Heerlen 1986-1991*,
Heerlen: Stadsgalerij Heerlen, 1991, p. 16-17.
De Kunstprijzen Amsterdam 1991, Amsterdam: Amsterdams Fonds
voor de Kunst, 1991.

1992
Dirkmaat-Planting, Martha, *Een blok olieverfschilderijen en 'een
luiheid die er niet wil zijn'*, in: *Noordhollands Dagblad*, 02-06-1992.
Imken, Dik, *Marian Breedveld schilderijen, Hans van der Pennen
kleinbeelden/tekeningen*, Purmerend: Museum Waterland, bulletin
mei/juni, 1992.
Lucas, Ove, *5 jaar. 51 kunstenaars*, Rotterdam: CBK Rotterdam,
1992, p. [19].
Pieters, Din, *Kunstwerken zijn allang niet meer uitsluitend in musea,
paleizen of kerken te vinden*, in: *Kunst en Bedrijf*, Amsterdam, [1992].
Single Art Work, in: *De Beyerdbrief*, Breda: De Beyerd, 1992.

1993
Mul, Jos de, *Visies op het landschap / Landschaft in Sicht*, in:
Hettig, Frank-Alexander et al [ed.], *Verwandtschaften Rotterdam -
Düsseldorf*, Rotterdam: Rotterdamse Kunststichting, 1993,
p. 13, 26-27.

1995
Bekkers, Ludo, Elly Stegeman, *Hedendaagse schilders in Nederland
en Vlaanderen*, Rekkem: Stichting Ons Erfdeel, 1995, p. 58-61, 59.
Bekkers, Ludo, Elly Stegeman, *Pittori contemporanei in Olanda e
Nelle Flandre*, Rekkem: Stichting Ons Erfdeel, 1995, p. 58-61, 59.
Bekkers, Ludo, Elly Stegeman, *Zeitgenössische Maler in den
Niederlanden und in Flandern*, Rekkem: Stichting Ons Erfdeel, 1995,
p. 58-61, 59.
Bekkers, Ludo, Elly Stegeman, *Pintores contemporáneos en los
países Bajos y Flandes*, Rekkem: Stichting Ons Erfdeel, 1995,
p. 58-61, 59.
Bekkers, Ludo, Elly Stegeman, *Peintres néerlandais et flamands
d'aujourd'hui*, Rekkem: Stichting Ons Erfdeel, 1995, p. 58-61, 59.
Bekkers, Ludo, Elly Stegeman, *Contemporary Painting of the Low
Countries*, Rekkem: Stichting Ons Erfdeel, 1995, p. 58-61, 59.
Wolf, Deborah [ed.], *Een collectie / A collection. Een keuze uit
de verzameling van ABN AMRO Bank / Selected works from the
collection of ABN AMRO Bank*, [Amsterdam]: ABN AMRO Bank, 1995,
p. 155.

1996
Breedveld, Marian [ed.], *Accidents de l'anatomie*, [Rotterdam]:
Marian Breedveld, Editions Maasz, 1996.
Lucas, Ove [ed.], *Een huis voor een werk*, in: *Being there… (II)*,
Rotterdam: CBK Rotterdam, 1996, p. 24-28.
*Marian Breedveld Olivier Menanteau, fragments d'un dialogue,
fragmenten van een dialoog*, in: *Cahier no. 4, afKunstruimte*,
Rotterdam: Alliance Française Rotterdam, 1996.
Marian Breedveld, Olivier Menanteau, Marseille: Ateliers Nadar, 1996.
Wesseling, Janneke, *Schilderijenparade zonder enig verband*, in:
NRC Handelsblad, 10-06-1996.

1997
Sandberg, Jens Henrik, Mikkel Bogh [ed.], *fielding*, Portalen: Køge
Bugt Kulturhus, 1997, p. 16-18, 34-35.
Schwabsky, Barry, *Fielding*, in: *Artforum, summer 1997*, 1997.
Veenstra, Irene, *Temidden van gedachteloze momenten. Het werk van
Marian Breedveld*, in: *Ons Erfdeel*, 40e jaargang no 1, 1997, p. 37-45.
Albert Heijn Zaandam, in: *Kunst en Bedrijf januari 1997*, Amsterdam:
Kunst en Bedrijf, 1997.

1998
Lucas, Ove [ed.], *Stilte A.U.B. Villa Alckmaer. Tentoonstellingen
(1994-1998)*, Rotterdam: Centrum Beeldende Kunst, 1998.
Suchère, Eric, *Entre opacité et transparence. Marian Breedveld*,
Clermont-Ferrand: FRAC d'Auvergne, 1998.

1999
Roosmalen, Arno van, Femke Snelting [ed.], *Collect/recollect.
Een dialoog tussen lokale kunst en een internationaal georiënteerd
museum / A dialogue between local art and an internationally
oriented museum*, Rotterdam: Museum Boijmans Van Beuningen,
NAi Uitgevers, 1999, p. 23.

2000
Suchère, Eric, *Marian Breedveld: la sensation, ici, importe /
Sensation is what matters*, Veenstra, I., *Marian Breedveld Irene
Veenstra, Deux entretiens autour d'une table / Marian Breedveld
Irene Veenstra Two interviews around a table*, Clermont-Ferrand:
FRAC d'Auvergne, 2000.
Breedveld, Marian, Irene Veenstra, *Tweegesprekken aan een tafel.*
[Rotterdam: Marian Breedveld], 2000.
Vergne, Jean-Charles [ed.], *Aux dernières nouvelles….
La collection du FRAC d'Auvergne 1990-2000*, Clermont-Ferrand:
FRAC d'Auvergne, 2000, p. 34, 90-91, 92-93.

2001
Donnadieu, Marc, *Un peu de temps pur / A Little Pure Time*, in:
Marian Breedveld / Jérôme Boutterin, Sotteville-lès Rouen: FRAC
Haute-Normandie, 2001.
Noordam, Philippien et al [ed.], *More than red, white and blue. Works
of art purchased by the Ministry of Foreign Affairs / Meer dan rood,
wit en blauw. Kunstaankopen door het ministerie van Buitenlandse
Zaken*, The Hague: Dutch Ministry of Foreign Affairs, 2001, p. 20-21.

2002
Grasser, Olivier [ed.], *de singuliers débordements…*, Amiens:
Maison de la Culture, 2002, [p. 31, 32].
Grønnow, Marianne, Bodil Nielsen [ed.], *On a clear Day*,
Sophienholm: Lyngby Kunstforening, 2002, p. 14-15, 56.
Wolf, Deborah [ed.], *Een collectie / A collection. Een keuze uit
de verzameling van ABN AMRO Bank / Selected works from
the collection of ABN AMRO Bank*, [Amsterdam]: ABN AMRO Bank,
2002, p. 65.

2003
Halem, Ludo van, Diana A. Wind, *The Seven Year Itch. 7 jaar
aankopen*, in Bulletin Stedelijk Museum Schiedam, jaargang 7
nummer 5/6, Schiedam: Stedelijk Museum Schiedam, 2003, p. 8.
Py, Jacques [ed.], *Qui a peur du rouge, du jaune et du bleu?*, Auxerre:
Centre d'art de l'Yonne, 2003, p 26-27.

2004
Ankerman, Karel, *Marian Breedveld, zonder titel 2002 olieverf op
linnen 50 x 80 cm*, [Schiedam]: Stedelijk Museum Schiedam, 2004.
Breedveld, Marian, *Windstil*. Alphen, Ernst van, *Opgenomen in
abstractie*. Staphorst: Galerie Hein Elferink, 2004.
Kasteleijn, Dorien [ed.], *Het Van Doesburghuis / La maison Van
Doesburg. Ontmoetingen in Meudon / Rencontres à Meudon*,
Bussum: THOTH, 2004, p. 54-55.
Lucht, P. van de, *Windstilte in abstracte schilderkunst*, in: *Meppeler
Courant*, 31-03-2004.
Ruiten, Joep van, *Twintig exemplaren is leuker dan honderd*, in:
Dagblad van het Noorden, 15-05-2004.

2005
Bem, Merel, *Gouwe ouwe schilderkunst*, in: *De Volkskrant*, 20-04-2005.
Breedveld, Marian, *Calme plat*. Alphen, Ernst van, *Absorption dans
l'abstrait*. Staphorst: Galerie Hein Elferink, 2005.
Marian Breedveld, Windstil, in: Blijham, Geert et al [ed.],
UMC Utrecht Kunstcollectie. Utrecht: UMC, 2005, p. 56-57.
Heesters, Thomas, *De stad als inspiratiebron. Tien Tilburgse
kunstenaars maken mupi's*, in: *Tilburg Magazine*, jaargang 16
nummer 4, 2005, p. 29-31.
Toonbeelden, Tilburg: Gemeente Tilburg, Grafisch Atelier Daglicht,
2005.

Veen, Corrie van der [ed.], *Anything … but homeless. NOG Collectie
van het SNS Reaal Fonds*, 2005, p. 66-67, 211.
Veen, Jacob van der [ed.], *Colour matters. Abstracte kunst*,
Groningen: Stichting 'Kunstruimte 09', 2005, p. 20-21, 22-23.
Wind, Diana A., *Kunst uit huis. Een serie tentoonstellingen over
particulier verzamelen*, in Bulletin Stedelijk Museum Schiedam,
jaargang 9 nummer 1, Schiedam: Stedelijk Museum Schiedam,
2005, p. 6.

2006
Marian Breedveld, Windstil, in: Meijgaarden, Fons van et al,
Room with a view. Kunstcollectie Bouwfonds Art Collection.
Hoevelaken: Bouwfonds, 2006, p. 102-103.
Fascinerend hoe kleuren werken, in: NAW #23/winter 2006,
Hoevelaken: Bouwfonds, 2006, p. 8-9.
Abstraction(s). Carte blanche à la galerie Bernard Jordan,
Le Cateau-Cambrésis: Musée départemental Matisse, 2006.

2007
Teerink, Chris, *Bram van Velde. Leven in verf*, Amsterdam:
Viewpoint Productions, 2007, DVD.
Les cartes blanches du Musée Matisse, Arles: Analogues, 2007.

2009
Jordan, B. [ed.], GBJ1, winter 2008/2009, *Galerie Bernard Jordan,
Paris, Zürich, Jordan-Seydoux Drawings & Prints*, Berlin, 2009, p. 3.

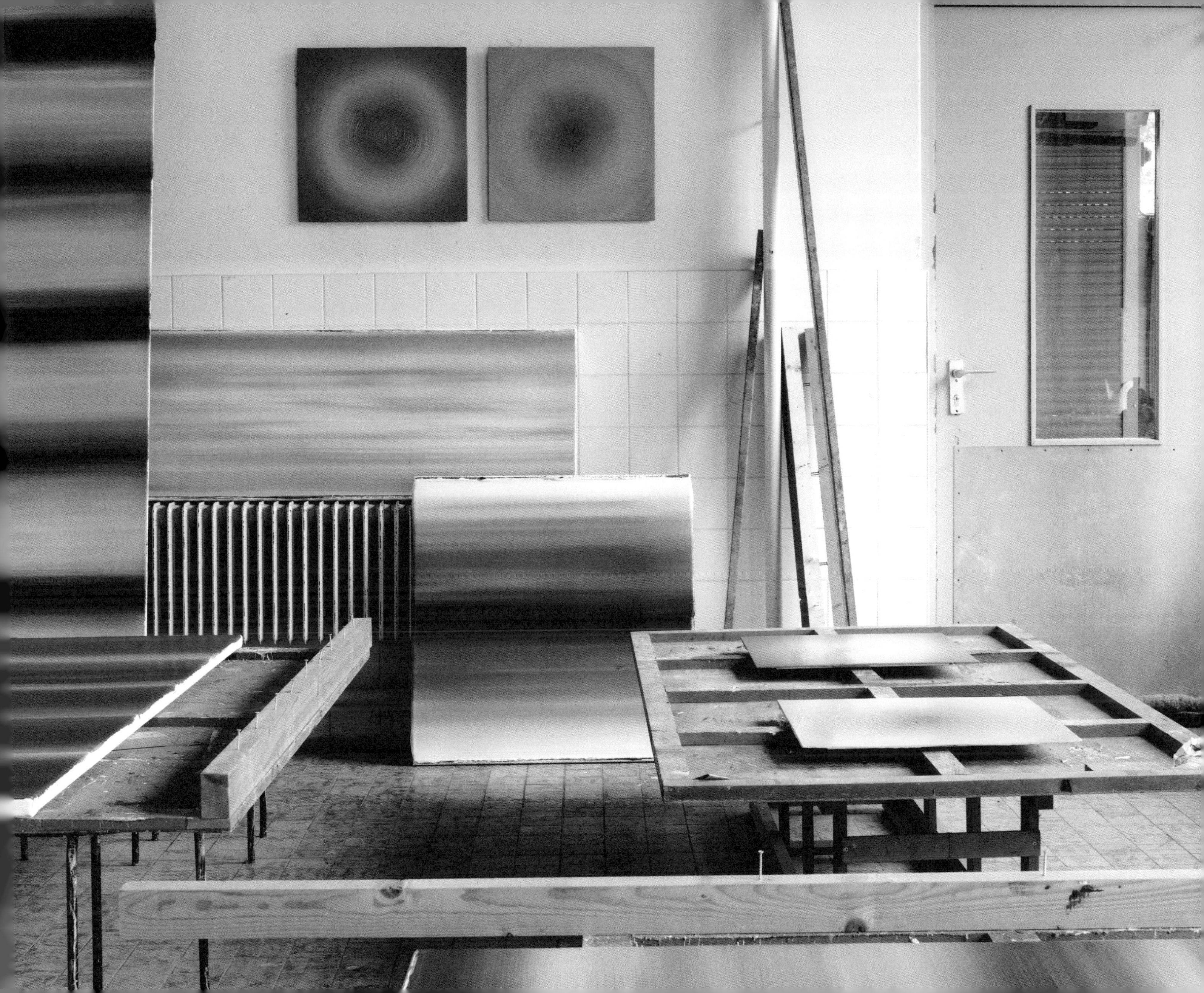

Uitgave
Thieme Art, Deventer
Galerie Hein Elferink, Staphorst

Auteurs
Ernst van Alphen
Marc Donnadieu

Vertaling
Essay Ernst van Alpen:
Mieke Bal/Bernard Jordan
(Nederlands/Frans),
Marlene Müller-Haas
(Nederlands/Duits),
Ernst van Alphen
(Nederlands/Engels)
Essay Marc Donnadieu:
Saskia van der Lingen
(Frans/Nederlands),
Natalie Lithwick
(Frans/Engels),
Gaby Gappmayr
(Frans/Duits)

Fotografie
Bob Goedewaagen
Marc Domage p.96
Marian Breedveld p.88

Beeldredactie
Marian Breedveld en Reynoud Homan

Ontwerp
Reynoud Homan

Lithografie
Marc Gijzen

Druk
Thieme Amsterdam

Deze uitgave is mede mogelijk gemaakt
door Centrum Beeldende Kunst,
Rotterdam en het Fonds voor Beeldende
Kunsten, Vormgeving en Bouwkunst,
Amsterdam

ISBN 978 90 78964 36 0
NUR 642 646

thiemeart.com
marianbreedveld.com
heinelferink.nl

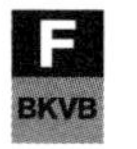
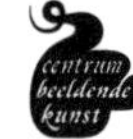